T0020548

WORD SEARCHES

FOR 7 YEAR OLDS

PUZZLES AND SOLUTIONS BY
DR GARETH MOORE
B.SC (HONS) M.PHIL PH.D

EDITED BY HANNAH DAFFERN
AND FRANCES EVANS
COVER DESIGN BY ANGIE ALLISON
AND JADE MOORE
DESIGNED BY JADE MOORE
AND ZOE BRADLEY

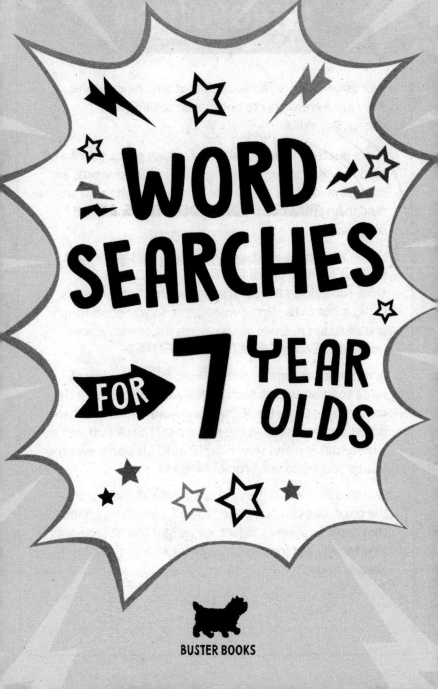

WORD SEARCHES

FOR 7 YEAR OLDS

BUSTER BOOKS

INTRODUCTION

Wordsearches are fun puzzles that anyone can solve. They are a great way to boost your spelling and vocabulary skills.

Every puzzle consists of a grid of letters plus a list of hidden words to find in that grid. All of these words are written in straight lines in the grid, although they can read in any direction, including both backwards and diagonally.

When you find a word, draw a line along it in the grid. It's best to use a pencil for this, or a highlighter pen, since sometimes letters are used again in other words. Cross it out in the list of words, too, so you don't forget you've found it. Once all the words are found, you've finished the puzzle – well done!

Sometimes an entry you're looking for is made up of more than one word, such as 'ICE AGE'. If so, ignore the spaces and search for 'ICEAGE' without a space. If there is punctuation, such as the hyphen in 'T-SHIRT', then ignore that too and search for 'TSHIRT'. It's only ever the letters you are looking for in the grid.

Each puzzle has a different topic, given at the top of the page, but you don't need to know anything about that topic to solve it. In fact, you might learn something new so why not look up any words or names you don't already know?

Some of the grids are in an unusual shape, to match the topic, but this doesn't affect the way you solve the puzzles. Ignore the outlines when solving and pay attention only to the letters.

The puzzles are split into 'Get Started', 'Getting Trickier' and 'Experts Only' sections, and gradually get bigger as you work your way through the book. The solution to every puzzle is given at the back of the book.

Good luck and have fun!

INTRODUCING THE WORDSEARCHES MASTER: GARETH MOORE, B.SC (HONS) M.PHIL PH.D

Dr Gareth Moore is an Ace Puzzler and author of many puzzle and brain-training books.

He created an online brain-training site called BrainedUp.com, and runs an online puzzle site called PuzzleMix.com. Gareth has a Ph.D from the University of Cambridge, where he taught machines to understand spoken English.

TYPES OF CHOCOLATE

G	T	A	L	K	T	R	T
D	U	T	E	A	L	T	N
E	N	L	M	T	I	I	I
K	L	U	A	U	M	A	M
A	E	O	R	A	N	G	E
L	Z	F	A	D	A	R	K
F	A	I	C	L	N	H	L
W	H	I	T	E	M	E	O

CARAMEL
DARK
FLAKED
FRUIT
HAZELNUT
MILK
MINT
ORANGE
WHITE

MAKE A BIG NOISE 2

S	H	G	H	C	K	S	M
S	M	B	N	R	R	E	C
A	T	A	B	A	A	O	L
B	E	H	S	S	B	T	A
A	O	R	U	H	R	A	T
R	N	O	A	M	L	L	T
O	C	P	M	L	P	P	E
E	R	A	O	R	B	S	R

BANG
BARK
BLARE
BOOM
CLATTER
CRASH
ROAR

SMASH
SPLAT
THUMP

3 JEWELS

```
        Y R
      D T B E
   G A S R U B
   L A X Y N O R M
M E R I H P P A S A
P Z N A T T O P A Z
   P E M E R A L D
   T D M P O A
   L A P O
     T J
```

AMBER   **SAPPHIRE**
AMETHYST   **TOPAZ**
EMERALD
GARNET
JADE
ONYX
OPAL
PEARL
RUBY

TYPES OF SONG 4

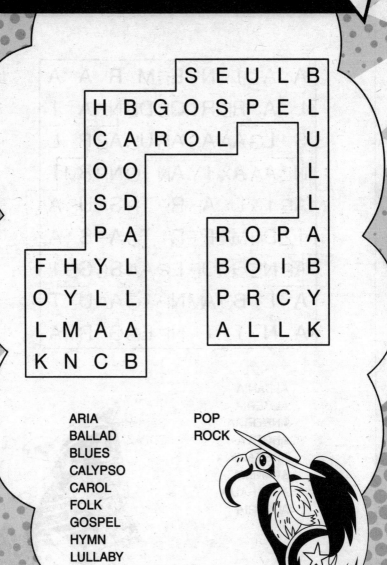

ARIA
BALLAD
BLUES
CALYPSO
CAROL
FOLK
GOSPEL
HYMN
LULLABY

POP
ROCK

5 A-TO-A COUNTRIES

```
A A I N E M R A A
L A R R O D N A I
S L A A A U A R L
N A A I A I N R T
A I L A R T S U A
I D M E R T A S A
A N G O L A S G I
A L B A N I A U T
A N I T N E G R A
```

ALBANIA
ALGERIA
ANDORRA
ANGOLA
ARGENTINA
ARMENIA
AUSTRALIA
AUSTRIA

PARTS OF A PLANE

6

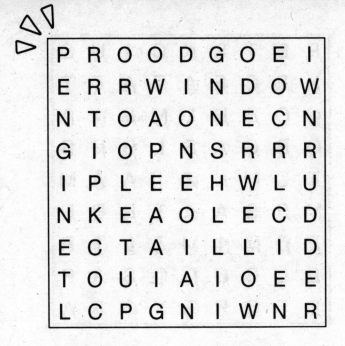

P	R	O	O	D	G	O	E	I
E	R	R	W	I	N	D	O	W
N	T	O	A	O	N	E	C	N
G	I	O	P	N	S	R	R	R
I	P	L	E	E	H	W	L	U
N	K	E	A	O	L	E	C	D
E	C	T	A	I	L	L	I	D
T	O	U	I	A	I	O	E	E
L	C	P	G	N	I	W	N	R

COCKPIT   WINDOW
DOOR   WING
ENGINE
PROPELLER
RUDDER
SEAT
TAIL
WHEEL

7 TYPES OF DANCE

P	E	T	S	K	C	I	U	Q
X	F	C	E	A	T	A	T	T
O	O	B	H	L	M	R	I	A
O	B	G	A	S	L	B	P	B
T	C	M	N	Z	I	A	A	M
M	R	S	A	A	T	R	B	U
E	D	M	I	M	T	L	I	R
E	L	B	O	D	O	S	A	P
E	T	O	R	T	X	O	F	W

BALLET
DISCO
FOXTROT
IRISH
MAMBO
PASO DOBLE
QUICKSTEP
RUMBA

SAMBA
TANGO
WALTZ

BIRDS OF PREY

```
R C O N D O R H M
C E L Y O W L O E
B R H E E R K B R
U U A F R R B B L
Z T R E A T P Y I
Z L R L H L S S N
A U I G T A C E O
R V E A L N W O K
D O R E E T I K N
```

BUZZARD
CONDOR
EAGLE
FALCON
HARRIER
HAWK
HOBBY
KESTREL
KITE
MERLIN

OSPREY
OWL
VULTURE

PLANETS AND DWARF PLANETS

9

```
U Y O H S E R E C
R R H T A R U K P
S U A O U U A A U
U C A N H L M M M
C R E N U T P E N
R E E R I S R K A
O M V E N U S A E
A N R U T A S M E
P C R E T I P U J
```

CERES	PLUTO
EARTH	SATURN
ERIS	URANUS
HAUMEA	VENUS
JUPITER	
MAKEMAKE	
MARS	
MERCURY	
NEPTUNE	
ORCUS	

USING A COMPUTER 10

S	A	C	S	E	A	R	C	H
T	U	C	D	N	I	F	I	I
S	C	P	O	I	N	T	E	R
A	E	E	T	S	A	P	T	T
V	Y	T	L	G	F	G	N	N
E	P	M	E	E	A	C	O	I
L	O	P	E	L	S	R	F	R
I	C	O	N	N	E	E	D	P
C	L	I	C	K	U	D	E	A

CLICK   MENU
COPY   PASTE
CUT   POINTER
DELETE   PRINT
DRAG   SAVE
FIND   SEARCH
FONT   SELECT
ICON

TYPES OF WOOD

```
O Y B   R B   S T
O L Y E L O C E D A R
A H R E W S W A A C H
K C R C T E A K C K M H
  R E H W W L B A L S A
L A H R I O N   E A L
A L C   L O U   E N
      L D T
      O O K
    O W R I S
    H P I N E
H O D M A H O G A N Y A
```

ASH	PINE
BALSA	ROSEWOOD
BEECH	TEAK
CEDAR	WALNUT
CHERRY	WILLOW
ELM	YEW
LARCH	
MAHOGANY	
OAK	

ANIMAL BODY PARTS 12

```
H O O F K A E B K
E T T U O N S S N
N L W I N G U T U
I S C R A T R N R
F B H A N P A W T
A N N E T N A A B
H O R N L N I L I
R A L A E L E C L
N E E T R A L T L
```

ANTENNA
ANTLER
BEAK
BILL
CLAW
FIN
HOOF
HORN
PAW

SHELL
SNOUT
TAIL
TENTACLE
TRUNK
TUSK
WING

13 WAYS TO COOK

```
T T R O A S T G A
C S M O K E R E S
E O A B O I L U W
S P D O D B S C E
I L O D T A T E A
A W L A L K E B T
R E E I C E A R F
B S C T R H M A R
E T U A S G C B Y
```

BAKE
BARBECUE
BOIL
BRAISE
CODDLE
FRY
GRIDDLE
GRILL
POACH
ROAST

SAUTE
SMOKE
STEAM
STEW
SWEAT
TOAST

ROOT VEGETABLES 14

```
I O N I O N G C I
G B O P O T I H C
A Y A M O R N S A
R E L R E R G I I
L M R M L C E D R
I A R E I H R A E
C U U A P E O R L
T P I N R U T K E
S P A R S N I P C
```

CARROT	PARSNIP
CELERIAC	RADISH
GARLIC	TURMERIC
GINGER	TURNIP
KOHLRABI	YAM
ONION	

15 PARTS OF A HOUSE

```
G F I C   N
 Y O L M O C R
R O A T E N H O
L R T F U N S I D O
A G L D O E I E M P B A
 U A E Y L A R N U E
 T G C B R R V E W G
 T L G L R D A Y I A
 E L L A T O T I N R
 R A R L T A O P D A
 W A E L N E R D O G
 P I P E S E Y R W I
```

CHIMNEY   ROOF
CONSERVATORY   WALL
DOORBELL   WINDOW
DRAIN
GARAGE
GATE
GUTTER
PIPES

DESERT ANIMALS 16

A	L	H	A	T	E	E	H	C
E	E	M	E	E	R	K	A	T
P	O	S	L	Z	T	L	N	L
O	P	C	I	L	E	A	H	A
L	A	A	O	O	H	B	N	K
E	R	M	N	P	T	E	R	C
T	D	E	E	X	Y	R	O	A
N	E	L	R	H	H	T	O	J
A	E	R	U	T	L	U	V	T

ANTELOPE   **ORYX**
CAMEL   **TORTOISE**
CHEETAH   **VULTURE**
ELEPHANT   **ZEBRA**
HYENA
JACKAL
LEOPARD
LION
MEERKAT

17 EASTER BUNNY

N	B	T	I	B	B	A	R	T
S	Y	R	R	U	F	I	E	S
T	F	B	E	C	B	T	R	F
F	F	R	G	T	U	A	F	L
I	U	E	G	C	E	R	E	F
G	L	G	S	G	R	I	S	E
C	F	A	N	L	C	A	S	E
S	E	O	T	E	K	S	A	B
A	L	S	E	R	S	N	U	E

BASKET   LONG EARS
CUTE   RABBIT
EGGS
FLUFFY
FURRY
GIFTS

SPICES

```
M C I R E M R U T
N O A K I R P A P
N O M G E M T U N
O I M A C E A L G
R A M A D L A D I
F M N U N R O M N
F R M I C N A V G
A A L L S P I C E
S P E P P E R C R
```

ALLSPICE	PAPRIKA
ANISE	PEPPER
CARDAMOM	SAFFRON
CINNAMON	TURMERIC
CLOVE	
CUMIN	
GINGER	
MACE	
NUTMEG	

19 GARDENING

```
T  F  L  O  W  E  R  S  S
P  P  T  G  R  A  S  S  H
M  L  R  R  H  T  U  O  R
F  O  A  U  E  E  S  B  U
W  H  W  N  N  E  D  E  B
N  T  E  E  T  I  S  G  B
W  A  T  E  R  I  N  G  E
A  P  H  S  U  B  N  G  R
L  H  E  R  B  S  H  G  Y
```

BUSH	MOWER
FLOWERS	PATH
GRASS	PLANTING
HEDGE	PRUNING
HERBS	SHRUBBERY
HOSE	TREES
LAWN	WATERING

USING A CAMERA 20

```
T O H S P A N S L
E I R Z N O T T A
E R M E O E A R N
D E U E M O L I D
I T S S L I M P S
T T H U O A T O C
I U H G C P P D A
N H O R I O X S P
G S O X L L F E E
```

EDITING
EXPOSURE
FOCUS
LANDSCAPE
LENS
LIGHT
MACRO
SHUTTER
SNAPSHOT
TIMELAPSE

TIMER
TRIPOD
ZOOM

21

BUILDING A SNOWMAN

```
    G R S O O
  S E V O L G B
  T O ● V ● S G
  L E   O A
    E B T
  M V V V U O S
B R O R H O T P N
F R A C S   L H T H O
W O O L L Y H A T S O A W
O T W I G S   O S O O N T
B R O O M S E H T O L C S
T O R R A C   O T O N C S
W S T O O B G R A V E L E
```

BOOTS
BROOM
BUTTONS
CARROT
CLOTHES
GLOVES
GRAVEL
SCARF

SHOVEL
SNOW
TOP HAT
TWIGS
WOOLLY HAT

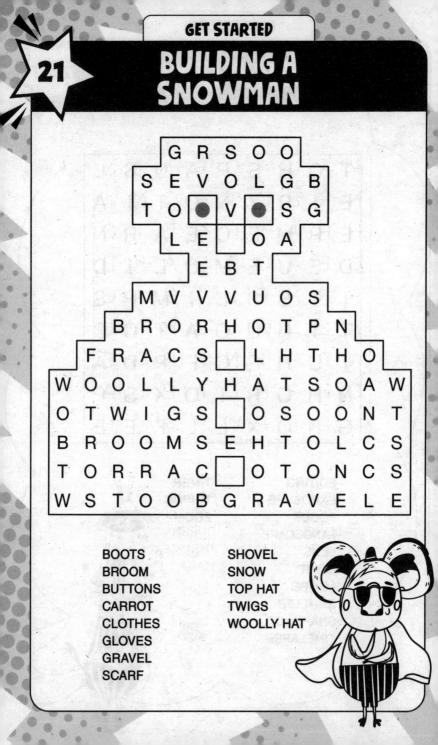

ROYALTY

```
P A L A C E T G N
H K E O T H Q N W
H R A I R U E I O
C E A O E D A K R
R R N E L T S A C
A E N W L C H A L
N P R I N C E S S
O N R E D A E L A
M S L E W E J K E
```

CASTLE	MONARCH
CLOAK	PALACE
CROWN	PRINCESS
JEWELS	QUEEN
KING	THRONE
LEADER	TIARA
LORD	

CLIMBING A MOUNTAIN

```
K T C R A M P O N
O C I R O P E I M
T V I M S C A R H
E O E P M T K I A
M G I R N U W D R
L K A U H O S G N
E G O R N A U E E
H M A S C E N T S
F F I L C E R G S
```

ASCENT   RIDGE
CLIFF   ROCK
CRAG   ROPE
CRAMPON   SNOW
HARNESS   SPIKE
HELMET   SUMMIT
MOUNTAIN
OVERHANG
PICK

SAY IT LOUD 24

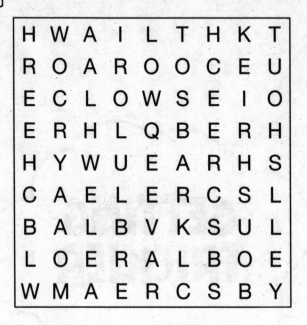

```
H W A I L T H K T
R O A R O O C E U
E C L O W S E I O
E R H L Q B E R H
H Y W U E A R H S
C A E L E R C S L
B A L B V K S U L
L O E R A L B O E
W M A E R C S B Y
```

BARK
BAWL
BELLOW
BLARE
CHEER
CRY
HOLLER
HOOT
HOWL
RAVE
ROAR
SCREAM
SCREECH
SHOUT
SHRIEK
SQUEAL
WAIL
YELL

MERMAIDS

25

```
O S R E P P I L F A
R S I S N I F L L E
E F I S H W G G F S
T R I A H G N O L G
A R P G S I S L E N
W A N H M C E N T I
R M A M A H O O A G
I S I L S I E W I N
P W E S E V A W L I
S S O O C E A N I S
```

FINS   SHELLS
FISH   SINGING
FLIPPERS   SWIMMING
LONG HAIR   TAIL
OCEAN   WATER
SCALES   WAVES
SEA

BUYING A GIFT

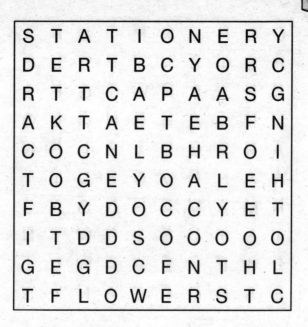

```
S T A T I O N E R Y
D E R T B C Y O R C
R T T C A P A A S G
A K T A E T E B F N
C O C N L B H R O I
T O G E Y O A L E H
F B Y D O C C Y E T
I T D D S O O O O O
G E G D C F N T H L
T F L O W E R S T C
```

BOOK	TEDDY BEAR
CHOCOLATES	TOY
CLOTHING	
FLOWERS	
GIFT CARD	
PEN	
SCARF	
STATIONERY	

2-D SHAPES

27

```
N M S U B M O H R T
R O U E L C R I C R
E N N I S E T I K I
C O O A Z P N E S A
T G G G G E I E K N
A A A E A O P L O G
N X T U G T N A L L
G E N G E P C M R E
L H E P T A G O N T
E L P D E C A G O N
```

CIRCLE
DECAGON
ELLIPSE
HEPTAGON
HEXAGON
KITE
NONAGON
OCTAGON

PENTAGON
RECTANGLE
RHOMBUS
TRAPEZIUM
TRIANGLE

28

IN THE FRIDGE

```
K F E P T N O M E L
L S C U S J M E A T
I R U H E T U S P E
M E T C P R R I I C
U V T T A U E H C R
S O E E R G T S K E
T T L K G O E I L T
A F H S O Y C F E T
R E T M A E R C S U
D L S E S E E H C B
```

BUTTER   LEMON
CHEESE   LETTUCE
CREAM   MEAT
EGGS   MILK
FISH   MUSTARD
GRAPES   PICKLES
JUICE   SMOOTHIE
KETCHUP   YOGURT
LEFTOVERS

STONE-AGE LIFE

29

```
H D H U N T I N G N
R G P A I N T T G O
E C N A D S U N N I
R A S I S D I I S G
I V H P R R E L R I
F E E S E E O F A L
A A L H T O D S T E
R X T A T O N N S R
E A E M O O N N A U
G O R E H T A E W W
```

AXE	STARS
CAVE	STONE
DANCE	SUN
FIRE	TOOLS
FLINT	WANDERING
GATHERING	WEATHER
HUNTING	
MOON	
PAINT	
RELIGION	
SHELTER	
SPEAR	

30 BOYS' NAMES: SAME START AND END

B	K	O	O	D	N	A	L	R	O
O	E	N	H	C	O	T	T	O	D
B	N	R	O	A	I	L	N	G	I
C	D	M	N	S	M	R	K	E	V
O	R	G	L	O	L	I	D	R	A
R	I	E	H	O	R	E	S	E	D
M	C	R	U	K	C	M	N	H	C
A	K	G	G	S	I	L	A	S	G
C	N	A	H	T	A	N	A	N	O
A	C	P	H	I	L	I	P	M	T

BOB
CEDRIC
CORMAC
DAVID
GREG
HAMISH
HUGH
KENDRICK
KIRK
MALCOLM

NATHAN
NELSON
NORMAN
ORLANDO
OTTO
PHILIP
ROGER
SILAS

PARTS OF A BIRD 31

```
F E A R C R T K E R
O Y O H K T A W E C
O E E T E E I H N T
T E T A B N T O O N
K C H I G A L N O C
I R R L E A G S L L
L O O F T U T N N A
L W A G E R I T L W
I N T E I H K C E N
B N O L C B E L L Y
```

BEAK	FOOT
BELLY	LEG
BILL	NECK
CHEEK	NOSTRIL
CHIN	TAIL
CLAW	TALON
CROWN	THROAT
EAR	TONGUE
EYE	WING
FEATHER	

ALSO A WORD WHEN REVERSED

32

R	K	P	L	U	G	R	T	M	L
E	P	A	K	E	E	P	M	O	I
W	A	O	O	D	D	P	O	R	A
A	R	I	R	D	E	T	O	R	R
R	T	A	E	E	S	P	R	E	M
D	W	R	D	N	S	L	W	M	I
T	P	D	I	I	E	L	D	I	N
A	A	O	T	E	R	A	E	T	E
N	W	O	K	R	T	R	E	E	D
G	S	M	D	U	S	T	E	W	P

DEER
DENIM
DOOM
GNAT
KEEP
LEEK
PART
PLUG
RAIL
REINED

REWARD
ROOM
SLEEP
STEW
STOOL
STRESSED
SWAP
TIDE
TIMER
WARDER

CURRENCIES

```
L I R A L L O D I
  W O N D S P A
    N E T
  M M U P D N A R E
E U R O U   N T O D R F
N R P         H R R E
I R   Y L   R A R A K Y
R A L       N C B T
O N A U Y   R C   H L O
L I E         T M D L
F D R Y U   R D R A M Z
T N I R O F U E E P U R
```

BAHT
DINAR
DOLLAR
DRACHMA
DRAM
EURO
FLORIN
FORINT
FRANC
KRONE

LIRA
PESO
POUND
RAND
REAL
RUPEE
WON
YEN
YUAN
ZLOTY

34 PALINDROMES

```
E S K P S E W N M I
Y T A E R O W A U S
E A Y E W R D E S N
N T A P R A R O T O
P S K E M E L O R O
O P F R D O O A S N
P E U D S T D T O P
R R E P U A S E E S
K R L O R D D I D E
E L E V E L D E E D
```

DEED	POP
DID	PUP
EWE	RADAR
EYE	REDDER
KAYAK	REFER
LEVEL	SEES
MADAM	SOLOS
NOON	STATS
NUN	TOOT
PEEP	WOW

ORCHESTRAL INSTRUMENTS

35

```
N B A S S O O N C S
R O P I C C O L O S
O L V I O L A B O A
H L O S A R D U O B
H E L B I F L U T E
C C U N I L O I V L
N T E P M U R T U B
E T T I M P A N I U
R T R O M B O N E O
F T R I A N G L E D
```

BASSOON	TIMPANI
CELLO	TRIANGLE
CLARINET	TROMBONE
DOUBLE BASS	TRUMPET
FLUTE	TUBA
FRENCH HORN	VIOLA
OBOE	VIOLIN
PICCOLO	

36 COPY THAT

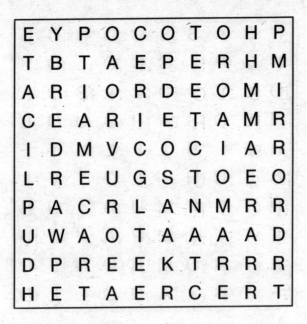

E	Y	P	O	C	O	T	O	H	P
T	B	T	A	E	P	E	R	H	M
A	R	I	O	R	D	E	O	M	I
C	E	A	R	I	E	T	A	M	R
I	D	M	V	C	O	C	I	A	R
L	R	E	U	G	S	T	O	E	O
P	A	C	R	L	A	N	M	R	R
U	W	A	O	T	A	A	A	A	D
D	P	R	E	E	K	T	R	R	R
H	E	T	A	E	R	C	E	R	T

DUPLICATE
EMULATE
IMITATE
MIRROR
PHOTOCOPY
PHOTOGRAPH
RECORD
RECREATE

REDRAW
REMAKE
REPEAT
TRACE
TRANSCRIBE
VIDEO

MYTHICAL CREATURES

37

E	N	P	R	U	A	T	N	E	C
X	W	E	R	E	W	O	L	F	U
D	S	G	O	R	G	O	N	M	N
I	P	A	H	O	H	O	I	I	X
A	O	S	Y	G	G	N	F	I	X
M	L	U	D	A	O	F	N	G	N
R	C	S	R	T	I	E	Y	I	I
E	Y	D	A	R	O	P	E	A	H
M	C	U	G	H	I	W	T	N	P
E	R	I	P	M	A	V	I	T	S

CENTAUR   SPHINX
CYCLOPS   VAMPIRE
DRAGON   WEREWOLF
GIANT   YETI
GORGON
GRIFFIN
HYDRA
MERMAID
MINOTAUR
PEGASUS
PHOENIX

BEACH FINDS

```
J E L L Y F I S H F
S D E L B B E P I S
S E R B A R C S N T
A E E I O A H H R A
L W C C F I L L E R
G A K O N T L B L F
A E T G R E W U T I
E S N J H A N O T S
S E S S C N L Y O H
T E L C A N R A B D
```

BARNACLE	JELLYFISH
BOTTLE	PEBBLE
BUOY	ROCK
CORAL	SEA GLASS
CRAB	SEAWEED
DRIFTWOOD	SHELL
FISHING NET	STARFISH

ABOUT SHARKS 39

```
C E Y E S H T E E T
A A I P Y L D A E D
R P M R U F I S H S
N L G O Y P I P U B
I C I T U N S E N I
V L L A M F A E T T
O Y L D T I L D I I
R O C E A N W A N N
E E L R M S N S G G
A E S P C S W A J E
```

BITING   PUPS
CAMOUFLAGE   SEA
CARNIVORE   SMELL
DEADLY   SPEED
EYES   SWIM
FINS   TAIL
FISH   TEETH
GILL
HUNTING
JAWS
OCEAN
PREDATOR

MONEY

E	G	O	S	I	L	V	E	R	T
C	C	B	Y	N	N	E	P	P	H
Y	A	A	E	N	C	E	I	A	N
C	S	N	D	O	A	E	Y	E	D
N	H	K	I	N	C	O	B	W	R
E	Y	N	A	E	E	I	L	O	A
R	A	O	R	L	L	P	L	R	C
R	P	T	D	L	O	G	S	R	Y
U	U	E	E	V	A	S	A	O	U
C	D	E	C	I	M	A	L	B	B

BANKNOTE   GOLD
BILL   LOAN
BORROW   PAY
BUY   PENNY
CARD   RECEIPT
CASH   SAVE
COIN   SILVER
CURRENCY   SPEND
DECIMAL

PANCAKE TOPPINGS 41

```
F R A H C R E A M A
E N O M A N N I C M
S N N O C A B H S U
E P R N N M R P A E
E N N O F B R U E M
H R M R A E N R S Y
C E U N T N M Y U E
L I A T T A Y S G N
T N U Y J T R R A O
A B I I R O R H R H
```

BACON   SUGAR
BANANA   SYRUP
BUTTER
CHEESE
CINNAMON
CREAM
FRUIT
HAM
HONEY
JAM
LEMON

42 SUMMER WARDROBE

```
T R I H S T S G S S
R S S S A L S S G E
S S M T A A E S G G
P N W D R R G R H S
N O N I D O O T M A
S A T N M S H N S L
S U U K A S S S G G
N S S D N O U S B N
S G P B H A T I O U
S N L S G T T N T S
```

HAT   TANK TOP
SANDALS   T-SHIRT
SARONG
SHORTS
SUNDRESS
SUNGLASSES
SWIMSUIT

NOT VERY BIG

43

```
D M I N U S C U L E
M I S M A L L M Y N
I R M P E L T T I L
N M T I E T T E O I
I R M C N T T O N I
A Y I C A U I I O I
T I N N E P T T N U
U T U E M P M I E Y
R R T A E I E O V T
E C E R T T P P C E
```

COMPACT   PETITE
DIMINUTIVE   SMALL
LITTLE   TEENY
MINIATURE   TINY
MINUSCULE
MINUTE

44 TIME PERIODS

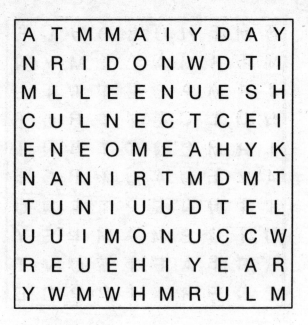

```
A T M M A I Y D A Y
N R I D O N W D T I
M L L E E N U E S H
C U L N E C T C E I
E N E O M E A H Y K
N A N I R T M D M T
T U N I U U D T E L
U U I M O N U C C W
R E U E H I Y E A R
Y W M W H M R U L M
```

CENTURY
DAY
DECADE
HOUR
MILLENNIUM
MINUTE
MONTH
WEEK
YEAR

KITCHEN CUPBOARD 45

P	H	E	U	T	E	A	P	O	T
T	S	T	A	C	A	T	G	C	D
T	I	A	A	R	O	U	W	O	N
N	D	L	G	B	J	S	R	F	A
L	R	P	P	I	O	E	E	F	T
T	E	E	U	P	C	W	P	E	S
J	T	D	C	U	U	K	L	E	E
U	T	I	A	E	T	T	L	C	K
I	U	S	E	D	G	U	M	U	A
B	B	U	T	V	A	S	E	P	C

BOWL   TEACUP
BUTTER DISH   TEAPOT
CAKE STAND   VASE
COFFEE CUP
JUG
MUG
SAUCER
SIDE PLATE

46

HOT DRINKS

```
H E S P R E S S O     F
O O O E G G N O G   L L
N T T N G R E E N T E A
I A A C A H C O M E   T
C B E I H C O A A     W
C L T T H O I E C     H
U A L L I C C R C     I
P C A A E A C O E     T
P K B T E O H A L M   E
A T R T R H C C M A A R
C E E E F F O C O   T N
I A H O T M I L K     E
```

AMERICANO
BLACK TEA
CAPPUCCINO
CHAI TEA
COFFEE
EGGNOG
ESPRESSO
FLAT WHITE
GREEN TEA

HERBAL TEA
HOT CHOCOLATE
HOT MILK
LATTE
MACCHIATO
MOCHA

PREHISTORIC WORLD 47

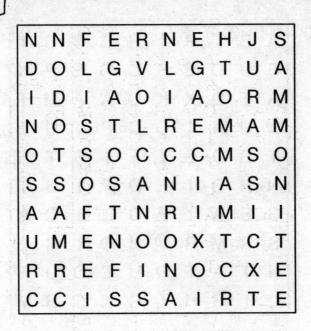

```
N N F E R N E H J S
D O L G V L G T U A
I D I A O I A O R M
N O S T L R E M A M
O T S O C C M S O
S S O S A N I A S N
A A F T N R I M I I
U M E N O O X T C T
R R E F I N O C X E
C C I S S A I R T E
```

AMMONITE
CONIFER
CRETACEOUS
DINOSAUR
EXTINCTION
FERN
FOSSIL
ICE AGE
JURASSIC

MAMMOTH
MASTODON
TRIASSIC
VOLCANO

48

GOING TO SEE A PLAY

A	B	T	P	I	R	C	S	S	I
S	U	O	E	R	C	O	E	E	N
A	T	D	X	K	O	A	A	M	T
W	U	A	I	O	C	P	T	U	E
I	S	D	G	T	F	I	S	T	R
N	H	R	I	E	O	F	T	S	V
G	E	A	I	E	D	R	I	O	A
S	R	M	R	V	N	O	I	C	L
N	I	A	T	R	U	C	O	U	E
L	I	G	H	T	S	N	E	R	M

AUDIENCE
AUDITORIUM
BOX OFFICE
COSTUMES
CURTAIN
DRAMA
INTERVAL
LIGHTS
PROPS
SCRIPT
SEATS

STAGE DOOR
TICKET
USHER
WINGS

ASIAN LANGUAGES 49

```
E E S E N A P A J I
S S G P I I N L N F
E A E A E A A D P I
N R H M E R O D U L
O T C R A N S D N I
T A O B E N R I J P
N K I S N U T N A I
A C I D N I H E B N
C A B E N G A L I O
N A I L O G N O M V
```

ARABIC   PUNJABI
BENGALI   THAI
CANTONESE   URDU
FILIPINO   VIETNAMESE
HINDI
INDONESIAN
JAPANESE
KOREAN
MONGOLIAN
PERSIAN

50 TASTES GOOD!

```
Y  T  N  A  S  A  E  L  P  L
T  I  S  I  T  E  S  F  U  Y
M  Y  U  J  C  D  R  F  Y  C
T  E  O  P  H  E  T  T  Y  I
Y  S  I  O  S  H  S  C  T  P
C  E  C  H  G  A  L  Y  E  S
I  S  I  I  T  Y  U  R  E  U
U  N  L  U  I  M  E  L  W  R
J  E  E  A  M  G  Y  I  S  U
D  T  D  Y  T  A  N  G  Y  R
```

DELICIOUS   SWEET
DELIGHTFUL   TANGY
FRESH   TASTY
JUICY   YUMMY
PLEASANT
SPICY

THINGS THAT ARE COLD

51

```
D A T E B R O S N G
R N E G D I R F L E
A T I S N O W A L I
Z A G C E I C C G G
Z R E N E I I R S L
I C L H E C E K R O
L T A R I B U B S O
B I T E E L S B R A
L C O C W I N T E R
E A I F R E E Z E R
```

ANTARCTICA
BLIZZARD
FREEZER
FRIDGE
GELATO
GLACIER
HAIL
ICEBERG

ICE CUBE
ICICLE
IGLOO
SKIING
SLEET
SNOW
SORBET
WINTER

THINGS WITH CLAWS

52

```
S W N B A D G E R R
P H O E N I X A T E
H T G L U W E I F T
I O A C V B G L R S
N L R R R E O W A B
X S D A R W R O V O
S N L B E E D I E L
V O D R A Z I L N E
P L E V U L T U R E
B W D I N O S A U R
```

BADGER   TIGER
CRAB   VULTURE
DINOSAUR   WEREWOLF
DRAGON   WOLVERINE
LIZARD
LOBSTER
OWL
PHOENIX
POLAR BEAR
RAVEN
SLOTH
SPHINX

FEELING SLEEPY

53

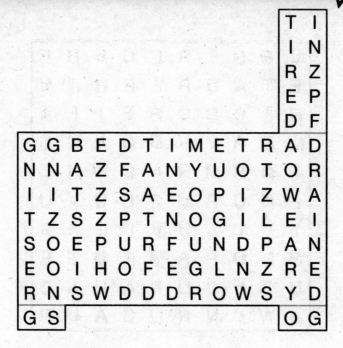

```
            T I
            I N
            R Z
            E P
            D F
G G B E D T I M E T R A D
N N A Z F A N Y U O T O R
I I T Z S A E O P I Z W A
T Z S Z P T N O G I L E I
S O E P U R F U N D P A N
E O I H O F E G L N Z R E
R N S W D D D R O W S Y D
G S                   O G
```

BEDTIME   SNOOZING
DOZING   TIRED
DRAINED   WEARY
DROP OFF   WORN OUT
DROWSY   ZZZ
FATIGUED
NAPPING
RESTING
SHUT-EYE
SIESTA

54 UNUSUAL PAINT SHADES

```
V E S I R E C R U E
E T A U P E R U N N
R E S C S E I I L A
M B O Y B I R A K E
I O R M H A E P H L
L N U E M T E L A U
I Y M A U V E U K R
O B U F F M R M I E
N Q L C O R A L A C
A A T N R H C A E P
```

AMETHYST	MAUVE
AQUAMARINE	PEACH
BUFF	PLUM
CERISE	TAUPE
CERULEAN	TEAL
CORAL	UMBER
EBONY	VERMILION
ECRU	
KHAKI	
LEMON	

GIRLS' NAMES: SAME START AND END

55

```
A L E X A N D R A E
E A A N G E L A E L
I E I I O E Y D S L
D H M L L V A N T I
O W A M E E L A E E
L D I N E R M M L L
E E L L N L U A L O
A S S Y L A I A E I
A T I N A O H N X S
A U R O R A W I E E
```

ALEXANDRA   EMMELINE
ALYSSA   ESTELLE
AMANDA   EVE
AMELIA   HANNAH
ANGELA   WILLOW
ANITA
AURELIA
AURORA
ELLIE
ELODIE
ELOISE

56

ROBOTS

W	M	C	L	O	O	T	W	H	T
L	A	C	I	N	A	H	C	E	M
R	C	L	L	R	E	M	C	L	N
E	H	E	K	E	C	H	D	P	E
V	I	G	L	I	N	U	A	E	E
O	N	S	R	O	N	T	I	R	R
R	E	Y	L	R	A	G	V	T	C
D	I	O	R	D	N	A	R	M	S
O	G	C	O	M	P	U	T	E	R
Y	G	N	I	R	O	L	P	X	E

ANDROID
ARMS
CIRCUITS
COMPUTER
DATA
EXPLORING
HELPER
LEGS
MACHINE
MECHANICAL
ROVER

SCREEN
TECHNOLOGY
TOOL
WALKING
WHEELS

MADE OF WOOD

```
F O P E N C I L C C
L L D E H S G H H E
E L O O B U A O E V
H E R O I I P U S I
S C C T R S R S S O
K T A N T B O E B L
O R A I E F O E O I
O B C O D F D A A N
B K T A B L E A R A
S L L A D D E R D D
```

BED   HOUSE
BOAT   LADDER
BOOKSHELF   PENCIL
CELLO   SHED
CHAIR   TABLE
CHESSBOARD   VIOLIN
CHOPSTICKS
DOOR
FENCE
FLOORBOARD
GUITAR

58 IN THE TOOLBOX

```
C R R I J J L K I L
W P N P L I S E L H
R M I L V A G I C P
E A E I M M R S L E
N L S E E D T A A I
C C C R R W N S A W
H A E S L E S I H C
F A G O G G L E S S
T E L L A M I U M E
H A M M E R C E R C
```

CHISEL   MALLET
CLAMP   PLANE
DRILL   PLIERS
FACE MASK   RULER
GOGGLES   WRENCH
HAMMER
JIGSAW

LOTS OF TEETH

```
O E S I O P R O P C
H O L L I D A M R A
S K R A H S U O L H
I W N I E S C L S N
F O I F S O I I A A
R L H O D G F M O R
E F P I A T I P P I
P O L T A A I W K P
I E O C C R E G I T
V R D I N O S A U R
```

ALLIGATOR
ARMADILLO
CAIMAN
CATFISH
CROCODILE
DINOSAUR
DOLPHIN
OPOSSUM
PIRANHA

PORPOISE
SHARK
TIGER
VIPERFISH
WOLF

60 SHADES OF GREEN

```
N  S  S  G  O  L  I  V  E  I
R  G  U  E  D  A  J  L  R  M
E  R  G  J  T  S  G  E  E  I
F  A  A  A  R  N  V  M  E  N
F  S  R  B  U  O  R  E  M  T
O  S  A  J  L  O  E  R  O  E
R  R  P  C  A  L  E  A  S  J
E  A  S  D  P  M  V  L  S  P
S  E  A  P  I  A  V  D  L  T
T  P  A  L  E  L  T  T  O  B
```

APPLE	LIME
ASPARAGUS	MINT
BOTTLE	MOSS
CLOVER	OLIVE
EMERALD	PEAR
FERN	
FOREST	
GRASS	
JADE	
JUNGLE	

JUNGLE ANIMALS

T	U	M	O	N	K	E	Y	A	D
R	T	A	L	R	T	L	N	R	A
E	O	C	A	O	E	T	A	R	R
E	R	A	A	M	E	P	E	C	A
F	R	W	U	A	O	D	D	L	P
R	A	R	T	E	I	R	L	Y	S
O	P	E	L	P	A	I	T	N	L
G	R	E	S	Z	R	H	A	A	O
H	R	R	I	O	O	K	A	U	T
O	O	L	G	N	E	N	W	R	H

ANTEATER
GORILLA
LEMUR
LEOPARD
LIZARD
MACAW
MONKEY
PARROT

PYTHON
SLOTH
SNAKE
SPIDER
TREE FROG

BUILDINGS IN THE CITY

T	H	O	T	E	L	B	E	F	Y
H	N	B	A	N	K	U	C	T	C
O	L	A	O	C	T	S	I	A	I
S	O	S	R	M	Y	S	F	M	T
P	O	T	H	U	R	T	F	E	Y
I	H	A	O	E	A	A	O	N	H
T	C	D	V	S	R	T	T	I	A
A	S	I	E	U	B	I	S	C	L
L	N	U	E	M	I	O	O	E	L
U	O	M	I	T	L	N	P	H	R

BANK
BUS STATION
CINEMA
CITY HALL
HOSPITAL
HOTEL
LIBRARY
MUSEUM

POST OFFICE
RESTAURANT
SCHOOL
STADIUM
UNIVERSITY

TIME COMPARISONS

```
E L I H W N A E M P
T V E A R L I E R O
O H E E R O F E B S
M Y E N O W V E F U
O D R N T I R G I D
R A C E O U N S N D
R E R U T I A E A E
O R S U R A X L L N
W L F U N T L R L L
Y A D R E T S E Y Y
```

ALREADY
BEFORE
DURING
EARLIER
EVENTUALLY
FINALLY
FUTURE
LATER
MEANWHILE
NEXT

NOW
ONCE
PREVIOUSLY
SUDDENLY
THEN
TOMORROW
YESTERDAY

THINGS THAT ARE ORANGE

64

```
F M A N D A R I N L
G A A N V R H E I T
O P L A I C R F S O
L R L L A K E L A R
D I E E J P A T R
F C P B A N T M S A
I O F C M A L E U C
S T K I D A I E M P
H E N I R E G N A T
T D L O G I R A M F
```

AMBER
APRICOT
CARROT
FALLEN LEAF
FLAME
GOLDFISH
LAVA
LIFE JACKET
MANDARIN
MARIGOLD
PEACH
PUMPKIN

SATSUMA
TANGERINE

RACKET SPORTS

N	M	B	T	D	N	A	A	N	T	B
L	B	M	A	T	E	S	W	A	L	A
A	A	I	B	S	D	A	O	A	L	D
C	S	N	L	N	T	L	W	D	A	M
R	Q	I	E	L	M	N	N	B	I
O	U	T	T	N	T	N	L	L	E	N
S	A	E	E	E	H	L	L	S	L	T
S	S	N	N	A	N	L	S	A	D	O
E	H	N	N	D	A	W	I	L	D	N
T	I	I	I	N	L	N	O	S	A	T
S	N	S	S	N	I	I	S	S	P	T

BADMINTON
LACROSSE
LAWN TENNIS
MINI TENNIS
PADDLEBALL
SQUASH
TABLE TENNIS

THREE VOWELS IN A ROW

66

```
O S B E A U T I F U L
S S U O E D I H A U E
U S U O I R U C M L S
O T B O G H A Q B A S
I Q U E E N E A I E U
R T O O O G E N T U O
E R E E E E A U I Q I
S E I I R D E R O S V
O N A G U S I U U I B
G K A E U Q S H S O O
D E C I D U O U S D C
```

AGREEABLE
AMBITIOUS
BEAUTIFUL
CANOEING
COURAGEOUS
CURIOUS
DECIDUOUS
HIDEOUS
HIDEOUT

OBVIOUS
QUEEN
QUIET
SERIOUS
SQUEAK
SQUEAL

GOING TO THE PARK 67

```
D P S M A E R T S R C
P N G R A S S S E R M
T I U G E S D G C S Y
R S C O T W N N N E G
E N B N R U O I E H R
E L A I I G P L F S O
S L G S R C Y I F U O
P R E N E D R A G B D
S T A T U E S R L E T
S R E G G O J S E P U
C Y C L I S T S M W O
```

BIRDS
BUSHES
CYCLISTS
FENCES
FLOWERS
GARDENER
GRASS
JOGGERS
OUTDOOR GYM
PICNIC

PLANTS
PLAYGROUND
POND
RAILINGS
STATUE
STREAM
TREES

68 HIDDEN "ONE"S

```
L P R I S O N E R R N
I E T T S E N O H S P
O D Y N P E N O T S E
N R E O E D E A C E T
E O N N O N T O O N R
S N O T O I O I N O O
S E M G O O A P E H M
Y L E N O L L L P P B
R E E N O I P L O O O
R R D E N O R I A N N
Y N O T H R O N E B E
```

ALONE
BALLOONED
CONE
DRONE
GONE
HONEST
IRONED
LIONESS
LONELY
MONEY
OPPONENT
PHONE

PIONEER
PRISONER
STATIONERY
STONE
THRONE
TROMBONE

WORDS FROM JAPANESE

69

A	M	E	K	O	A	R	A	K	R	A
I	A	S	N	O	B	G	A	I	S	A
M	O	I	I	E	N	R	C	T	A	M
A	N	B	E	A	A	K	U	Y	T	T
G	O	A	M	T	S	H	T	C	S	E
I	M	S	E	H	A	Y	E	O	U	R
R	I	A	A	I	O	R	M	O	M	I
O	K	W	K	S	N	M	P	N	A	Y
T	S	U	N	A	M	I	U	A	S	A
N	S	U	D	O	K	U	R	S	P	K
K	T	T	E	M	A	M	A	D	E	I

BONSAI
EDAMAME
HAIKU
KARAOKE
KARATE
KIMONO
MANGA
ORIGAMI
RICKSHAW
SATSUMA
SOY

SUDOKU
SUMO
TEMPURA
TERIYAKI
TSUNAMI
TYCOON
WASABI

70 CLEAN UP

R	E	A	R	R	A	N	G	E	I	A	
P	A	O	S	H	B	U	R	C	S	D	
R	T	I	D	Y	S	T	A	T	E	L	
E	P	E	E	W	S	I	R	C	L	A	
L	P	N	O	U	R	A	L	H	N	U	
K	N	I	D	O	I	U	S	O	S	N	
R	E	H	W	G	T	A	M	D	P	D	
A	T	S	H	T	W	R	I	N	S	E	
P	A	T	E	M	U	U	C	A	V	R	
S	E	R	S	E	E	Y	T	P	M	E	
N	N	T	E	Z	I	N	A	G	R	O	

DECLUTTER
DUST
EMPTY
LAUNDER
NEATEN
ORGANIZE
POLISH
REARRANGE
RINSE
SCRUB

SHINE
SOAP
SPARKLE
STRAIGHTEN
SWEEP
TIDY
VACUUM
WASH
WIPE

FAMOUS RIVERS

```
N I L E B U N A D E K
N S A E J N O K U Y O
A I O K E O I E S A R
N I Z G E N R I S E E
N G R J N N O D I E G
N G N U G O I Z A D I
O A N O O A C H A N N
S I S I K S N S R M T
G A O G O E S G U C A
S E M A H T M I E G O
A K R O U S E H M S O
```

AMAZON   RHINE
CONGO   THAMES
DANUBE   YUKON
GANGES
ISIS
JORDAN
MEKONG
MISSOURI
NIGER
NILE
OUSE

72

BALLET LESSON

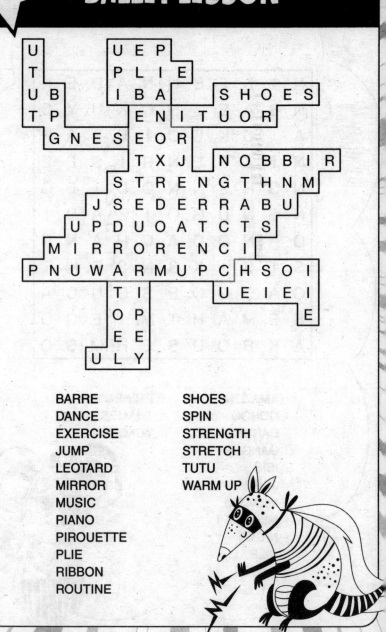

BARRE
DANCE
EXERCISE
JUMP
LEOTARD
MIRROR
MUSIC
PIANO
PIROUETTE
PLIE
RIBBON
ROUTINE

SHOES
SPIN
STRENGTH
STRETCH
TUTU
WARM UP

WATERY WORLD

73

```
S W R L K E E R C R A
D A Y T I A R T S E T
I T R R K L P K T V L
P E P K A M T O E I E
A R Y S A T S O L R D
R F O W P T U R N R N
E A S C R R C B I H O
L L G E E H I A I S P
A L A R E A C N N R L
K M R E E F N O G A T
E E S T U A R Y L M L
```

BROOK
CANAL
CREEK
DELTA
ESTUARY
INLET
LAKE
LOCH
MARSH
OCEAN
POND

RAPIDS
REEF
RIVER
SPRING
STRAIT
STREAM
SWAMP
TRIBUTARY
WATERFALL

74 HOMOPHONE PAIRS

```
X D D D E D E O W W U
R F E E E O N R U L A
L I N K S O O R A Y N
N O E D D R L I E F A
A D K E W B E W W D O
D E A W A E L X E W L
S R A E D N I W N O K
N W L R E Y O G F Y W
D D O B Y L I A H A L
E I U N L O I D N E E
E E D A E R U O S O D
```

ALLOWED	LOAN
ALOUD	LONE
BREWED	LYNX
BROOD	URN
EARN	WADE
FAIR	WEIGHED
FARE	YEW
LINKS	YOU

OPPOSITES

75

```
Q L O U D K R A D L G
U C E Y P A E H C E D
I R W Y O U N G V L R
E R E L S E I I L I Y
T E L B A D S O A G H
R U V S T N G I E H L
F A E I E H I G H T G
G N E P E W E M P T Y
D A X N D C E R U N L
V E E L U Y E T A O P
A E O D O O G R W F G
```

BAD	LIGHT
CHEAP	LOUD
DARK	LOW
DRY	NEAR
EMPTY	OLD
EXPENSIVE	QUIET
FAR	RECEIVE
FULL	SEND
GOOD	WET
HIGH	YOUNG

76

ANIMAL NOISES

T	L	Y	O	W	L	E	C	O	Z	P
A	W	U	P	C	M	T	L	Q	Z	R
E	O	U	R	E	W	E	U	I	U	I
L	H	O	O	E	H	A	C	R	B	H
B	A	W	E	H	C	L	K	K	S	C
K	A	T	G	K	A	R	W	Q	T	S
W	H	I	N	N	Y	A	U	O	O	Y
R	E	M	O	E	U	E	P	I	R	I
N	A	C	A	Q	A	R	N	L	W	G
Z	K	O	S	K	O	K	K	B	E	A
P	U	R	R	T	R	O	N	S	K	Y

BLEAT	PURR
BUZZ	QUACK
CHIRP	ROAR
CLUCK	SNORT
CROAK	SQUAWK
GROWL	SQUEAK
HOWL	TWEET
MEOW	WHINNY
NEIGH	YELP
OINK	YOWL

SEVEN-LETTER ADVERBS

77

```
Y I L G O O F I L Y G
L Y Y L I Z Z A J I Y
D L L A N G R I L Y Y
U R I Z I I Y T L L Y
O A R I B L I K I L M
R E A A I R C Z T U E
P L C S E I A H L C S
D C S D U R G V W K S
E O L Q C I A D E I I
B Y Y L B A V O L L
Y O Y L I S I O N Y Y
```

ANGRILY
BOSSILY
BRAVELY
CLEARLY
CRAZILY
GOOFILY
JAZZILY
LIGHTLY
LOVABLY
LUCKILY
MESSILY
NOISILY

PROUDLY
QUICKLY
SCARILY
TIREDLY

THINGS THAT ARE GREEN

78

```
R  S  E  L  I  D  O  C  O  R  C
B  R  O  C  C  O  L  I  I  P  A
S  D  L  A  R  E  M  E  P  A  B
K  U  R  E  B  M  U  C  U  C  B
C  D  G  S  A  S  M  L  C  E  A
O  C  A  A  P  V  H  I  E  H  G
R  G  E  L  R  I  O  R  N  A  E
M  A  R  L  I  A  N  C  E  T  F
A  P  E  A  E  M  P  A  A  K  U
H  I  M  E  S  R  E  S  C  D  R
S  K  A  L  E  S  Y  I  A  H  O
```

ASPARAGUS
AVOCADO
BROCCOLI
CABBAGE
CELERY
CROCODILE
CUCUMBER
EMERALDS
GRASS

KALE
LEAF
LIME
MINT
PEA
SHAMROCK
SHREK
SPINACH

THINGS TO DO OUTDOORS

79

```
E C Y C L E J G G R S
T T S O A O N O U F K
I B A N G N F N R N A
K M M K O I O U K E T
A I A I S W S E L D E
Y W R H L R B P A R B
L S I E T C E O W A O
F N K A Y A K L A G A
G I P I C N I C L R R
H E R O L P X E O O D
G N I P M A C O G R R
```

CANOE	PICNIC
CYCLE	ROCK-CLIMB
EXPLORE	ROLLER-SKATE
FLY A KITE	RUN
GARDEN	SKATEBOARD
GO CAMPING	SKI
GO FISHING	SNOWBOARD
HIKE	SURF
JOG	SWIM
KAYAK	WALK

80 PAINTING A PICTURE

```
E  A  S  T  R  O  K  E  D  B  S
E  P  E  N  C  I  L  Y  A  H  H
T  C  L  I  G  H  T  C  E  C  A
T  F  R  A  M  E  K  P  C  T  D
E  A  S  E  L  G  A  I  M  E  O
L  S  N  C  R  C  L  B  I  K  W
A  A  R  O  S  Y  R  O  X  S  H
P  V  U  D  R  U  P  A  I  N  T
T  N  N  C  S  P  P  R  N  L  O
D  A  A  H  H  Y  A  D  G  O  L
L  C  P  O  R  T  R  A  I  T  C
```

ACRYLIC	LIGHT
APRON	MIXING
BACKGROUND	OIL
BOARD	PAINT
BRUSH	PALETTE
CANVAS	PENCIL
CLOTH	PORTRAIT
EASEL	SHADOW
FRAME	SKETCH
LANDSCAPE	STROKE

INTERNET WORDS ⟨81⟩

O	W	E	B	S	I	T	E	E	K	S
M	O	E	S	U	S	N	B	N	A	P
E	D	G	B	O	N	I	I	D	S	A
S	N	A	P	P	R	L	A	S	S	M
S	I	M	O	C	A	O	I	A	E	T
A	W	I	S	L	L	G	O	K	L	C
G	S	B	I	P	N	I	E	S	E	E
E	U	A	U	O	G	W	C	N	R	N
S	M	V	I	D	E	O	O	K	I	N
E	S	E	A	R	C	H	L	D	W	O
C	O	M	M	E	N	T	E	B	N	C

BLOG   SEARCH
CLICK   SPAM
COMMENT SUBSCRIBE
CONNECT UNLIKE
DOWNLOAD UPLOAD
EMAIL   VIDEO
IMAGE   WEBPAGE
LINK   WEBSITE
MESSAGE WINDOW
POST   WIRELESS

82 FRENCH NUMBERS

```
I Q N T I T R O I S E
X U E Z I X Q E D C Q
U A U O I U Z T P E S
E T F D I R D S T U Q
D R D N O N Q N O N I
Z E Z T I R E S I X T
O E A T E Z I E R T S
U U I X R O U S G S E
Q U X Q N I C O D D I
H N E Z D O U Z E E Z
O R E Z T V I N G T E
```

CINQ
DEUX
DIX
DOUZE
HUIT
NEUF
ONZE
QUATORZE
QUATRE
QUINZE

SEIZE
SEPT
SIX
TREIZE
TROIS
VINGT
ZERO

ONOMATOPOEIC WORDS

83

```
K Q D F L U T T E R Z
C H L I S P L A S H T
A T S H N E Z O O M A
U P H I T G L P R S L
Q H K I U I P G L O P
H O C W C Q B M R O S
S S O R O C S B U A P
A L N K K O U M I H G
R O K O C T F P H R T
C S A P C U P R I H C
Z H K A O R C M O O B
```

BOOM	PLOP
CHIRP	QUACK
CRASH	RIBBIT
CROAK	SLOSH
CUCKOO	SPLASH
DING	SPLAT
FLUTTER	SQUISH
GARGLE	THUMP
HICCUP	WOOF
KNOCK	ZOOM

84

PLACES TO LEARN

Y	E	X	H	I	B	I	T	I	O	N
G	T	M	O	O	R	S	S	A	L	C
A	A	I	P	L	O	O	H	C	S	O
C	Y	L	S	T	E	M	P	L	E	L
A	R	T	L	R	M	C	L	H	A	L
D	A	A	T	E	E	U	T	C	L	E
E	R	A	L	E	R	V	E	U	B	G
M	B	L	R	D	I	Y	I	S	R	E
Y	I	C	H	U	R	C	H	N	U	E
P	L	A	N	E	T	A	R	I	U	M
Y	R	O	T	A	V	R	E	S	B	O

ACADEMY   OBSERVATORY
CHURCH   PLANETARIUM
CLASSROOM   SCHOOL
COLLEGE   TEMPLE
EXHIBITION   UNIVERSITY
GALLERY
LECTURE
LIBRARY
MUSEUM

MAKING A MOVIE

85

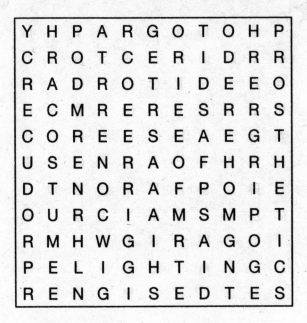

```
Y H P A R G O T O H P
C R O T C E R I D R R
R A D R O T I D E E O
E C M R E R E S R R S
C O R E E S E A E G T
U S E N R A O F H R H
D T N O R A F P O I E
O U R C I A M S M P T
R M H W G I R A G O I
P E L I G H T I N G C
R E N G I S E D T E S
```

CAMERAMAN
COMPOSER
COSTUME
DIRECTOR
EDITOR
GAFFER
GRIP
LIGHTING
PHOTOGRAPHY
PRODUCER
PROSTHETICS
RESEARCHER

RUNNER
SET DESIGNER

WRITING A POEM

```
R A E D I R H D L S D
H S I L H V T I U T E
Y O N Y E E N K I A S
T E M R L E I T A N C
H E S P O A L E C Z R
M E U I H E T P K A I
N O I T A U T C N U P
C A D J E C T I V E T
Y L I M E R I C K Z I
C R E A T I V I T Y O
C E S U A P P U T K N
```

ADJECTIVE
COUPLET
CREATIVITY
DESCRIPTION
HAIKU
IDEA
LIMERICK
LINE
PAUSE
PUNCTUATION

RHYME
RHYTHM
STANZA
TITLE
VERSE

BIRD SOUNDS

```
B Q R B O T K M E W W
W U A E S O L L T O W
H A S C T B T C E R H
I C P U R T O R P C O
S K T A A E B O M L O
T O S R P P A A U C P
L T K A C C T K R C T
E B A B B L E C T R W
R T T E E W T O O T C
H O N K B B E N O S K
H C L I C K S A N A T
```

BABBLE	SNORT
CLICK	TRUMPET
CREAK	TWEET
CROAK	WHISTLE
CROW	WHOOP
HONK	
QUACK	
RASP	
RATTLE	

TRIP TO THE MUSEUM

88

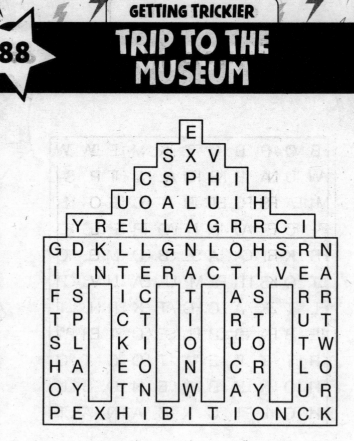

```
              E
            S X V
          C S P H I
        U O A L U I H
      Y R E L L A G R R C I
  G D K L L G N L O H S R N
  I I N T E R A C T I V E A
  F S   I C   T   A S   R R
  T P   C T   I   R T   U T
  S L   K I   O   U O   T W
  H A   E O   N   C R   L O
  O Y   T N   W   A Y   U R
  P E X H I B I T I O N C K
```

ARCHIVE

ARTWORK

COLLECTION

CULTURE

CURATOR

DISPLAY

EXHIBITION

EXPLANATION

GALLERY

GIFT SHOP

GLASS

HISTORY

INTERACTIVE

TICKET

MADE OF PAPER

89

```
P M A G A Z I N E E S
A T N I K P A N N P S
M E R R E T T E L O K
P T E A I I W T E L E
H P R C I S S R L E T
L I K U P M U E U V C
E E Z A D H A S E N H
T C P I C F S G R E P
C E A O L I A D I N A
R R R E T K O O B R D
Y B T R O P S S A P O
```

BOOK	PAMPHLET
BROCHURE	PASSPORT
DIARY	RECEIPT
ENVELOPE	SKETCHPAD
LEAFLET	TICKET
LETTER	TISSUE
MAGAZINE	
NAPKIN	
NEWSPAPER	
ORIGAMI ART	

```
C B I R Y A N I P I B
R A I L O I V A R S T
O D P M L T E S O H S
I A I N U L I U S B R
S L E P L O V A I O U
S I R A O L L H G R W
A H O N A U S L G S T
N C G K O U T S A C A
T N I G S M B I H H R
L E F A L A F I N T B
U O S T R U D E L E N
```

BIRYANI	POUTINE
BORSCHT	RAVIOLI
BRATWURST	ROTI
CROISSANT	SOUVLAKI
ENCHILADA	STRUDEL
FALAFEL	SUSHI
GOULASH	
HAGGIS	
HALLOUMI	
PAELLA	
PIEROGI	

US PRESIDENTS

```
T  L  E  V  E  S  O  O  R  E  H
C  I  W  A  N  A  G  A  E  R  M
L  N  A  J  N  N  O  X  I  N  A
I  C  S  O  A  O  I  M  S  W  D
N  O  H  Y  B  C  S  I  E  I  I
T  L  I  B  D  A  K  N  N  L  S
O  N  N  E  U  E  M  S  H  S  O
N  N  G  E  D  S  N  A  O  O  N
R  E  T  R  A  C  H  N  W  N  J
N  N  O  S  R  E  F  F  E  J  N
U  F  N  A  M  U  R  T  R  K  O
```

BUSH	LINCOLN
CARTER	MADISON
CLINTON	NIXON
EISENHOWER	OBAMA
FORD	REAGAN
JACKSON	ROOSEVELT
JEFFERSON	TRUMAN
JOHNSON	WASHINGTON
KENNEDY	WILSON

READING MUSIC

C	N	G	I	S	T	A	E	P	E	R
T	R	U	L	S	H	A	R	P	L	O
F	R	E	S	U	A	P	S	A	S	D
E	T	E	S	F	L	A	T	T	L	N
L	T	S	B	C	T	N	A	S	A	E
C	T	N	A	L	E	I	V	E	R	U
S	H	R	E	D	E	N	E	R	U	N
S	I	O	I	C	O	C	D	S	T	I
A	F	C	R	L	C	C	L	O	A	M
B	C	I	R	D	L	A	C	E	N	I
A	O	T	A	C	C	A	T	S	F	D

ACCENT	REST
ACCIDENTAL	SHARP
BASS CLEF	SLUR
CHORD	STACCATO
CODA	STAVE
CRESCENDO	TIE
DIMINUENDO	TREBLE CLEF
FLAT	TRILL
NATURAL	
PAUSE	
REPEAT SIGN	

MAGIC AND SPELLS 93

```
T C A U L D R O N D S
B N C C H A R M O R U
R S E C H A T E I O C
O O J M X C S D T W O
O R W E T R S N A C P
M C H L U N O A T I S
S E D C L I A W N G U
T R O A T E J H A A C
I E S O O I P I C M O
C R P C A T W S N N H
K W I Z A R D U I X E
```

BROOMSTICK	JINX
CAT	MAGIC WORD
CAULDRON	OWL
CHARM	POTION
CURSE	SORCERER
ENCHANTMENT	SPELL
HAT	TOAD
HEX	WAND
HOCUS-POCUS	WITCH
INCANTATION	WIZARD

94 DRESS-UP BOX

```
S T O O B Y O B W O C
A O B R E H T A E F H
W N W O G L A S S E S
C T I E M U T S O C D
A N I M A L T A I L L
S K W O A K S A M A E
L E A O W L L D S R I
W A V I R H E N C A H
A I N O A C W A A I S
H G G T L N E W R T K
S W O R D G J A F S W
```

ANIMAL EARS   JEWELS
ANIMAL TAIL   MASK
COSTUME   SCARF
COWBOY BOOTS   SHAWL
CROWN   SHIELD
FEATHER BOA   SWORD
GLASSES   TIARA
GLOVES   WAND
GOWN   WIG
HAT   WINGS

GIVING DIRECTIONS 95

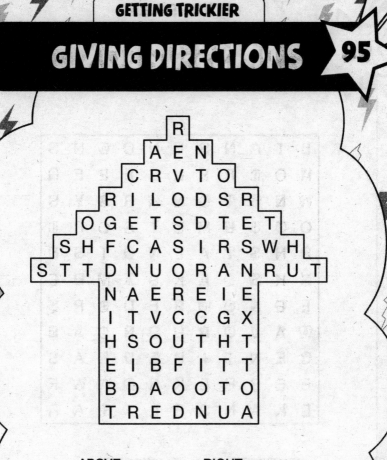

```
              R
            A E N
          C R V T O
        R I L O D S R
      O G E T S D T E T
    S H F C A S I R S W H
  S T T D N U O R A N R U T
    N A E R E I E
    I T V C C G X
    H S O U T H T
    E I B F I T T
    B D A O O T O
    T R E D N U A
```

ABOVE
ACROSS
BEHIND
CROSS OVER
DIRECTION
DISTANCE
EAST
FAR
LEFT
NEXT TO
NORTH

RIGHT
SOUTH
STRAIGHT
TURN AROUND
UNDER
WEST

VENOMOUS ANIMALS

```
L I A N S E N O C N S
H S I F Y L L E J E Q
H E S T I N G R A Y U
O O S U P Y T A L P I
R H S I F E N O T S D
N H S I F E L T T U C
E O N S M R E D I P S
T S L O W L O R I S E
C E N T I P E D E A S
E E B R E K R O W W F
E K A N S E L T T A R
```

CENTIPEDE	SLOW LORIS
CONE SNAIL	SPIDER
CUTTLEFISH	SQUID
HORNET	STINGRAY
JELLYFISH	STONEFISH
PLATYPUS	WASP
RATTLESNAKE	WORKER BEE
SEA ANEMONE	

THINGS WITH WHEELS

```
M O T O R C Y C L E W
W O R R A B L E E H W
L T R I C Y C L E T S
A O R U E E C E H R U
W Y C A N Y L A W A I
N A V A C C T A S C T
M C L I H T G E I F C
O P N A S O O W R L A
W U I A N L C R R O S
E R E T O O C S E G E
R I A H C E C I F F O
```

FERRIS WHEEL
GOLF CART
LAWNMOWER
MOTORCYCLE
OFFICE CHAIR
PLANE
SCOOTER
SUITCASE
TRACTOR
TRICYCLE
UNICYCLE
VAN

WAGON
WHEELBARROW
WHEELCHAIR

98 RAIL JOURNEY

```
N O I T A V R E S E R
R O F M R O F T A L P
O H I G H S P E E D I
T O R T S K C A R T R
C N S L A R L S N E T
U E T E U N O O R K D
D W C N A G I O K C N
N A L N D T G T D I U
O Y A U A I S A S T O
C K S T W I F I G E R
P A S S E N G E R E D
```

CONDUCTOR
DESTINATION
DOORS
FIRST CLASS
HIGH-SPEED
LUGGAGE
ONE-WAY
PASSENGER
PLATFORM

RESERVATION
ROUND-TRIP
SEAT
STATION
TICKET
TRACKS
TUNNEL
WI-FI

PLANT LIVES

```
P R P L A N T I N G E
N O N E G Y X O N E G
G U L R W A T E R R N
N T T L E N S T E M I
I H S R I W R N D I L
T G G E I N O O O N D
U I R N V E A L O A E
O L Y O I A N T F T E
R N A O W W E T I I S
P U H O I T O L S O L
S S E E D S H S A N N
```

FLOWER	ROOTS
FOOD	SEEDLING
GERMINATION	SEEDS
GROWTH	SOWING
LEAVES	SPROUTING
NUTRIENTS	STEM
OXYGEN	SUNLIGHT
PLANTING	WATER
POLLINATION	

AUSTRALIAN ANIMALS

100

S	U	G	A	R	G	L	I	D	E	R
P	T	K	N	I	K	S	R	D	Y	K
L	A	B	A	O	T	I	I	R	O	B
A	I	I	A	N	B	N	A	O	Y	A
T	P	L	T	E	G	W	K	A	B	N
Y	A	B	R	O	O	A	L	K	E	D
P	N	Y	A	S	B	L	R	K	T	I
U	L	N	S	U	O	L	E	O	T	C
S	N	A	R	U	R	A	M	U	O	O
A	C	R	Q	I	I	B	U	Q	N	O
T	A	B	M	O	W	Y	Y	R	G	T

BANDICOOT
BETTONG
BILBY
CASSOWARY
DINGO
EMU
GOANNA
KANGAROO
KOALA
KOOKABURRA

LYREBIRD
PLATYPUS
QUOKKA
QUOLL
SKINK
SUGAR GLIDER
TAIPAN
WALLABY
WOMBAT

SPANISH NUMBERS 101

```
C D I E C I S E I S C
D I E C I O C H O U A
T O T T R E S E N E T
Z T C R U N C O C Z O
O E I N Q U I N C E R
R E I C I U E S R E C
T T N D H C E C O D E
A D I E C I N U E V E
U V E I N T E S D O S
C D I E C I S I E T E
O N C E T R T R E C E
```

CATORCE	TRECE
CINCO	TRES
CUATRO	UNO
DIECINUEVE	VEINTE
DIECIOCHO	
DIECISEIS	
DIECISIETE	
DIEZ	
DOCE	
DOS	
ONCE	
QUINCE	

102 A GOOD FRIEND

```
I N T E R E S T I N G
S Y M P A T H E T I C
U D I G I A I N H F U
P N N N D R F T O G H
P I D I P E I N U E E
O K F V A D G A G N L
R H U I T I N R H E P
T I L G I S I E T R F
I U O R E N R L F O U
V I U O N O A O U U L
E I N F T C C T L S N
```

CARING
CONSIDERATE
FORGIVING
FUN
GENEROUS
HELPFUL
INTERESTING
KIND
MINDFUL

PATIENT
SUPPORTIVE
SYMPATHETIC
THOUGHTFUL
TOLERANT

SCIENCE

```
Y E S C I S Y H P T E
R Y X N S O I Y H L Y
O R A P I O N E E S Y
T T R S E A O C G R G
A S G O T R T N E E O
R I W O I R I V E B L
O M B E O N O M C M O
B E S N R C Y N E U O
A H I A S W A L O N Z
L C E I D O H T E M T
S L D G B I O L O G Y
```

ASTRONOMY
BIOLOGY
BOTANY
CHEMISTRY
DISCOVERY
ELECTRONICS
EXPERIMENT
LABORATORY
LAWS

LEARNING
METHOD
NUMBERS
PHYSICS
THEORIES
ZOOLOGY

CABIN LIFE

```
S N O W O U T S I D E
W O T E L A H C I K S
I L F L E H S K O O B
N D I T D E B K N U B
D A E R B R E G N I G
O I C I C L E S C L V
W A R M C H A I R S M
S W O O D L A N D K W
E W A R M C O O K I E
A B O A R D G A M E M
T H G I N E I V O M T
```

ARMCHAIR
BOARD GAME
BOOKSHELF
BUNK BED
GINGERBREAD
ICICLES
MOVIE NIGHT

SKI CHALET
SNOW OUTSIDE
SOFT BLANKET
WARM COOKIE
WINDOW SEAT
WOODLAND

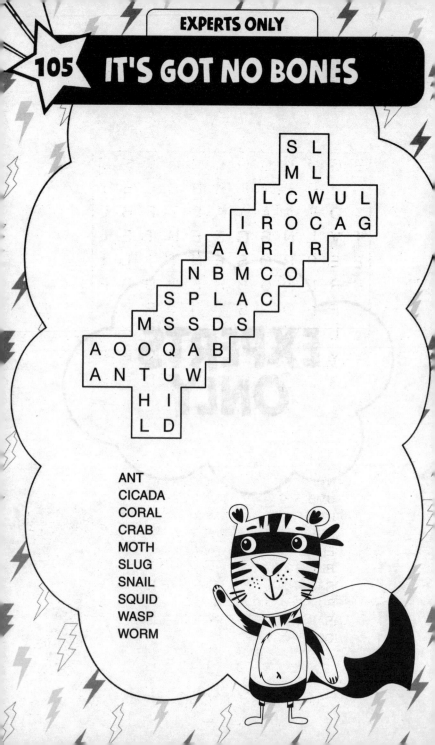

105 IT'S GOT NO BONES

ANT
CICADA
CORAL
CRAB
MOTH
SLUG
SNAIL
SQUID
WASP
WORM

MINIBEASTS 106

```
B G U L S G L M D Y E M
U H R E T I R R L L E I
T O E A A W A F T F B L
T V L N S G E E H T E L
E E S R O S E N T I L I
R R E N U B H F O U B P
F F F O G S C O M R M E
L L H A W A S P P F U D
Y Y T E K C I R C P B E
T S C E N T I P E D E S
N C A T E R P I L L A R
A E S U O L D O O W Y Y
```

ANT
BUMBLEBEE
BUTTERFLY
CATERPILLAR
CENTIPEDE
CRICKET
DRAGONFLY
FRUIT FLY
GRASSHOPPER
HOUSEFLY

HOVERFLY
MILLIPEDE
MOTH
NEWT
SLUG
SNAIL
STAG BEETLE
WASP
WOODLOUSE

CLASSICAL COMPOSERS

```
D S T R A U S S R A Y L
E V I V A L D I A M E N
B L M O Z A R T G B S N
U B K A R O V D L H I A
S N E V O H T E E B B M
S M H A R B H L T N E U
Y W N T C C E Z B I L H
G A D C A D S A E P I C
R G Y P N I C Z B O U S
I N A A L H H B S H S U
E E H T R E B U H C S O
G R E I R G E L L A A K
```

ALLEGRI
BACH
BEETHOVEN
BRAHMS
CHOPIN
DEBUSSY
DVORAK
ELGAR
GRIEG
HANDEL
HAYDN

LISZT
MOZART
PACHELBEL
SCHUBERT
SCHUMANN
SIBELIUS
STRAUSS
VIVALDI
WAGNER

SCHOOL SPORTS

```
F A A F O O T B A L L V
S P R I N T I N G E O S
L L A B T F O S L L C C
S L H O C K E Y L I L I
R A Y A L E R E T L Y T
U B M S A Y Y S A J E E
N T O N L B A B A N S L
N E T O A N T J N G A H
I K N L M E U I N N N T
N S L Y N D S Y T L U A
G A G N O T N I M D A B
F B B L G N I M M I W S
```

ATHLETICS
BADMINTON
BASKETBALL
FOOTBALL
GYMNASTICS
HOCKEY
JUDO
NETBALL

RELAY
RUNNING
SOFTBALL
SPRINTING
SWIMMING
TENNIS
VOLLEYBALL

109 GOING OUT TO EAT

```
W K I T C H E N M K S R
A Y E C N A R T N E E A
I R E D R O C W C S P R
T E F F U B A I T U R M
E L B A T I A A S T E S
R T H E T R U S R U E K
E U E R E R E A F R M N
S C E N A R V S V O V I
N S I N D E T I S E O R
S D T I L T C E N E E D
G N I T A E S U A K D T
C O N D I M E N T S T W
```

BUFFET	MUSIC
CONDIMENTS	ORDER
CUTLERY	RESTAURANT
DESSERT	SEATING
DINER	SERVICE
DRESS UP	TABLE
DRINKS	TRAVEL
ENTRANCE	VENUE
FOOD	WAITER
KITCHEN	WAITRESS

BERRIES

```
E Y R R E B E U L B R G
L L B E Y R E E L S O A
D E I R W E G A C O M R
E B L N R R C N S Y E R
R G B E G K R E R B E A
B R E R B O B P O I Y E
E G R E N E N R R C B S
R R R R R D R B E B G G
R R Y R A S P B E R R Y
Y E Y R R E B W A R T S
R O R Y R R E B N A R C
E E Y E M U L B E R R Y
```

BILBERRY
BLACKBERRY
BLUEBERRY
CRANBERRY
ELDERBERRY
GOOSEBERRY
LINGONBERRY

MULBERRY
RASPBERRY
STRAWBERRY

111

THINGS TO RECYCLE

```
E G L A S S B O T T L E
E N O T R A C G G E N T
L P L A S T I C B O X N
T F O O D C A N T G O J
T X O B L A E R E C B U
O E T R E P A P S W E N
B A A E B C N C G N U K
K R A J E L K C I P S M
L N A C K N I R D S S A
I P I Z Z A B O X N I I
M U E N I Z A G A M T L
J A P A P E R P L A T E
```

CEREAL BOX
DRINK CAN
EGG CARTON
FOOD CAN
GLASS BOTTLE
JUICE CARTON
JUNK MAIL
MAGAZINE
MILK BOTTLE
NEWSPAPER

PAPER PLATE
PICKLE JAR
PIZZA BOX
PLASTIC BOX
TISSUE BOX

```
C O C K A T I E L B R K
D H C O C K A T O O A A
C R U I P A B O V G G R
A W I M A R B U E N I R
S M L B M Y O C B I R U
S P Y O G I A A I M E B
O E A N R N N R A G A
W A P R A I I G D L D K
A F B R R B K K B F U O
R O Y I E O I E C I B O
Y W A C A M T R E O R K
P L U M E B I R D T M D
```

BOOBY	LORIKEET
BUDGERIGAR	LOVEBIRD
CANARY	MACAW
CASSOWARY	MOCKINGBIRD
COCKATIEL	MYNA BIRD
COCKATOO	PARROT
FLAMINGO	PEAFOWL
HUMMINGBIRD	PLUME BIRD
KOOKABURRA	TOUCAN

LOTS OF "S"S

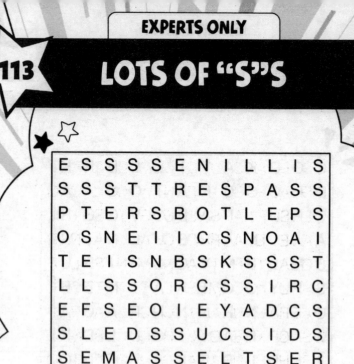

```
E  S  S  S  S  E  N  I  L  L  I  S
S  S  S  T  T  R  E  S  P  A  S  S
P  T  E  R  S  B  O  T  L  E  P  S
O  S  N  E  I  I  C  S  N  O  A  I
T  E  I  S  N  B  S  K  S  S  S  T
L  L  S  S  O  R  C  S  S  I  R  C
E  F  S  E  O  I  E  Y  A  D  C  S
S  L  E  D  S  S  U  C  S  I  D  S
S  E  M  A  S  S  E  L  T  S  E  R
T  S  E  E  A  S  S  E  L  E  S  U
E  S  S  L  B  O  S  S  I  E  S  T
S  T  E  P  S  I  S  T  E  R  U  E
```

ASSIST	SCISSORS
BASSOONIST	SEASICKNESS
BOSSIEST	SELFLESS
CRISSCROSS	SILLINESS
DISCUSS	SPOTLESS
MESSINESS	STEPSISTER
POSSESSES	STRESSED
RESTLESS	TRESPASS
SASSY	USELESS

CORAL REEF

```
S E A C U C U M B E R T
S A H S I F N W O L C G
E S E A S L U G I S I I
A E L A R O C A U A N R
G A T P I A N N N S L E
R U R C M S L T A T O E
A R U U A I C C E A B F
S C T E G L R U C R S S
S H S H A A G H O F T Q
U I T M B G O A S I E U
A N E M O N E I E S R I
J E L L Y F I S H H D D
```

ALGAE
ANEMONE
CLOWNFISH
CORAL
CRAB
GIANT CLAM
JELLYFISH
LOBSTER
OCEAN
REEF SQUID
SEA CUCUMBER

SEAGRASS
SEA SLUG
SEA SNAIL
SEA URCHIN
SHRIMP
STARFISH
SUNLIGHT
TURTLE

EUROPEAN LANGUAGES

115

```
N W P N A I N O T S E H
A N E O W S P A N I S H
I U A L R T U R K I S H
R N N I S T E K L R S U
A A O T S H U G E I R A
G I R H W S N G L E L F
N N W U E E U O U B R S
U I E A D S P R A E N G
H A G N I F I N N I S H
L R I I S F I C C I L E
H K A A H A H S I N A D
I U N N N A I T A O R C
```

ALBANIAN
CROATIAN
DANISH
ENGLISH
ESTONIAN
FINNISH
FRENCH
GREEK
HUNGARIAN
LITHUANIAN

NORWEGIAN
POLISH
PORTUGUESE
RUSSIAN
SPANISH
SWEDISH
TURKISH
UKRAINIAN
WELSH

FAMOUS QUEENS 116

```
P     S H E B A B S     T
E H     A N N E     E H
R T T     H A     R E A
S E A E   T I   E L R T
E B A R R S M V E T O S
P A O I A A E N A E N H
H Z X B R N G P J A A E
O I E Y I O O R O I E P
N L W U Z E T I A N L S
E E G S L C Z C N M E U
I     C C     C I     T
I T I T R E F E N V U O
```

ANNE	JOAN
BEATRIX	MARGARET
CLEOPATRA	MARY
ELEANOR	NEFERTITI
ELIZABETH	PERSEPHONE
GUINEVERE	SHEBA
HATSHEPSUT	VICTORIA
HELEN	WU ZETIAN
ISABEL	

DOUBLE-"Z" WORDS

117

```
D P S N A Z Z I E R Y B
R L Z R B Y Z Z A J L Q
A A A G P U Z Z L E Z U
Z I Q C R D Z Z I L Z I
Z R P P I I E Z U F I Z
I E R I Y Z Z L I F R Z
L Z Z Z A A Z Z Z N D I
B Z Z Z R Z Z I L Z G N
Z I A A U E Z Z U I I G
D P P Z D B Z A N Q E S
Z A Z Z A T A M Z Z A R
P Z I I G N I L Z Z U G
```

ABUZZ
BLIZZARD
BUZZING
DIZZY
DRIZZLY
FIZZED
FUZZY
GRIZZLIER
GUZZLING
JAZZY

PAPARAZZI
PIAZZA
PIZZAZZ
PIZZERIA
PUZZLE
QUIZZICAL
QUIZZING
RAZZMATAZZ
SIZZLED
SNAZZIER

NOCTURNAL ANIMALS

```
I P O R C U P I N E S S
F I R E F L Y Y O U I N
N I L O G N A P G R B O
G E R B I L E A O A R O
S K U N K Y R L D G E C
Y W I H A G W G T E T C
B O D E L O E A U C S A
L O Y I L R B H O K M R
I A D S G M S O Y O A A
B E A G O H E G D E H E
R U C W B E A V E R N B
E S U O M U S S O P O A
```

AYE-AYE
BADGER
BEAVER
BILBY
FIREFLY
GECKO
GERBIL
HAMSTER
HEDGEHOG
HYENA

MOUSE
OPOSSUM
PANGOLIN
PORCUPINE
RACCOON
SKUNK
SLOW LORIS
SUGAR GLIDER
WOMBAT

WRITING A SONG

```
M R I S S Y N O M R A H
E P G N R N I A R F E R
L R R E S E C S A T O N
O G U A E T S I D O N E
D N C T C M R O S R Y I
Y I E H C T U U P U O E
S D G N O U I L M M M W
U R D S E R R C O E O G
R O I B A N D T E V N C
O C R E H E A R S E R T
H E B S I N G I N G U R
C R S C I R Y L E N U T
```

BAND
BRIDGE
CHORD
CHORUS
COMPOSER
HARMONY
INSTRUMENT
INTRO
LYRICS
MELODY
MUSIC
PRACTICE

RECORDING
REFRAIN
REHEARSE
SINGING
STRUCTURE
TUNE
VOLUME
WORDS

WINTER OLYMPIC CITIES

120

Y	E	L	L	A	V	W	A	U	Q	S	U
P	T	L	I	N	N	S	B	R	U	C	K
R	Y	I	L	Z	S	A	P	P	O	R	O
E	G	E	C	I	T	T	G	M	K	O	V
V	A	R	O	E	V	I	U	A	C	S	E
U	R	Y	E	N	K	T	R	R	N	L	J
O	M	R	I	N	G	A	R	O	I	O	A
C	I	A	A	H	O	C	L	E	M	N	R
N	S	G	R	J	C	B	H	T	B	T	A
A	C	L	O	G	O	O	L	A	L	L	S
V	H	A	L	A	I	L	S	E	N	A	A
D	I	C	A	L	P	E	K	A	L	G	S

ALBERTVILLE
CALGARY
GARMISCH
GRENOBLE
INNSBRUCK
LAKE PLACID
NAGANO
OSLO
PYEONGCHANG
SALT LAKE CITY

SAPPORO
SARAJEVO
SOCHI
SQUAW VALLEY
ST MORITZ
TURIN
VANCOUVER

FISHY DISHES

```
L O B S T E R R O L L S
A Y A L A B M A J H M A
X A L V A R G T N O O H
R T A I U K I P K O F L
I M I H S A S E L F P V
F I S H A N D C H I P S
E K A C H S I F I A H T
S U R F A N D T U R F I
D L A L A E H C I V E C
A Y M P O K E B O W L C
J O I R A M A L A C P C
N R E D W O H C M A L C
```

CALAMARI
CEVICHE
CLAM CHOWDER
FISH AND CHIPS
GRAVLAX
JAMBALAYA
LOBSTER ROLL
POKE BOWL
SASHIMI

SMOKED SALMON
SURF AND TURF
THAI FISHCAKE

IT'S SPIKY

```
N R P U F F E R F I S H
B O E N I P U C R O P S
R A G E I S N B P H A I
O P R A L H U M R R N F
S F I B R B C T B S D D
E N E N E D M R C E I R
B N C E E D Y A U A H O
U D Y A D A W N R A C W
S Y B B H P P I R B E S
H S I F N O I P R O C S
G O H E G D E H L E H D
T E C N E F L A T E M T
```

BARBED WIRE

BRAMBLE

CACTUS

ECHIDNA

HEDGEHOG

METAL FENCE

PINEAPPLE

PORCUPINE

PUFFERFISH

ROSE BUSH

SCORPIONFISH

SEA URCHIN

SWORDFISH

THORNY DRAGON

123 TRADITIONAL TOYS

```
R E D D A L S B O C A J
Y O E N A L P R E P A P
P I C K U P S T I C K S
W S O K A D R T K N E H
A D E R I I I I U O R U
S O W L C N N A N L A L
G L E Y B T G I B O T A
I L C T H R M H Y O T H
J L C E I O A O O H L O
E A B D D K Y M I R E O
P O T G N I N N I P S P
X C U P A N D B A L L E
```

CUP-AND-BALL
DIABOLO
DOLL
DOMINOES
HULA HOOP
JACK-IN-THE-BOX
JACOB'S LADDER
JIGSAW
KITE
MARBLES
PAPER PLANE

PICK-UP STICKS
RATTLE
ROCKING HORSE
SPINNING TOP
TRICYCLE
YO-YO

FLOWERY NAMES

```
A I L T I I D S A A M E
I A T I M A R I G O L D
L R N M I T L H P E M G
H T I S E L R R J A J S
A M Y L E E I A G Y I V
D L O M H M S N L L I M
R I A T R M O I L R P A
V C A O I L L Y E O I E
Y E S N I I R T P Y A L
H E E A D A S P E L S A
A A L L M A Y L A I H Z
Y M G A Z M O M N E S A
```

AMARYLLIS
ASTER
AZALEA
CAMELLIA
DAHLIA
DAISY
HEATHER
JASMINE
LILY
MAGNOLIA
MARIGOLD
POPPY
PRIMROSE
VIOLET

125 DINOSAUR WORLD

```
E R O V I N M O E G A C
T S K E L E T O N V I S
E R O V I B R E H R C L
R O T A D E R P O E C I
R R E G N I W T L T L S
E T E E T H S I C P I E
H S O P T I T N R O S L
T L R S H P I E S D S A
A A E E E T Y E H I O C
E N R R X M G G E T F S
F P S E P F S C L A W S
X S F O O T P R I N T P
```

CLAWS	PREDATOR
EGG	PREHISTORIC
EXTINCT	PREY
FEATHER	REPTILE
FOOTPRINT	SCALES
FOSSIL	SKELETON
HERBIVORE	TEETH
NEST	WING
OMNIVORE	

S	H	A	E	T	P	U	R	B	T	E	G
P	E	I	J	L	T	N	P	A	B	C	H
R	A	N	G	J	E	M	A	R	S	A	L
B	C	R	A	H	U	N	A	E	A	R	T
I	E	G	E	J	J	R	A	G	C	G	W
K	H	E	G	N	S	U	E	W	K	A	R
G	R	N	K	P	T	W	M	W	R	B	E
C	O	S	R	M	I	S	B	P	A	N	L
L	P	I	H	L	R	R	R	I	C	A	A
A	N	R	P	J	R	C	E	A	E	E	Y
T	G	G	A	N	T	H	R	E	C	B	E
M	R	A	W	F	O	G	U	T	R	E	E

BEANBAG RACE
HIGH JUMP
LONG JUMP
PARENTS' RACE
RELAY
SACK RACE
SPRINT
TUG OF WAR

THINGS THAT ARE TALL

```
T R E D W O O D T R E E
R S T R E E T L I G H T
E E E S U O H T H G I L
G A P R U E F F A R I G
T I W A E R L A D D E R
Q O L H R V E E T L T E
A S E R P C E R N Y E I
A I O U Q E S T N A I G
E G D T E N A Y N R R A
G R E I V P E O K U L C
A N G E L F A L L S O N
R E W O T L E F F I E M
```

ANGEL FALLS   SKYSCRAPER
CRANE   STREETLIGHT
EIFFEL TOWER
GIANT SEQUOIA
GIRAFFE
LADDER
LIGHTHOUSE
MOUNT EVEREST
REDWOOD TREE

```
S T R E E T L I G H T R
M C E R C O M P U T E R
I I Y E M I O C N W L R
C E R T H N A R O K E F
R H D S O U I M H Z V R
O C R A T H N C E L I I
W N I O E W L E A A S D
A P A T A C R M I E I G
V A H L O F P N L T O E
E N O H P O R C I M N C
E L O S N O C S E M A G
D I G I T A L C L O C K
```

COMPUTER   MICROWAVE
DIGITAL CLOCK   STREETLIGHT
FREEZER   TELEVISION
FRIDGE   TOASTER
GAMES CONSOLE
HAIRDRYER
LAMP
LAWNMOWER
MICROPHONE

```
E E B           L K S
Y T C R       A M P C
E D I K O O R N E S B
E U A H T W I C C B R A
H K L L W M N K O I A T
I C E B D E L A M M E C
  E R A N E G S R L M
S D D A D O T A G G A A
A E R W N O M N B C U N
R I O L N O I M I B B S
E O G E   R M O A A A
D W S     K S   C P C
```

BRIMSTONE
BROWN ARGUS
CABBAGE WHITE
COMMA
COMMON BLUE
MONARCH
PAINTED LADY

RED ADMIRAL
RINGLET
SPECKLED WOOD

US STATES

```
A A S I M S T N I L A O A
U I O O A I E N O D T E W
R W N X U B N U O N A A U
A H E I R T I N I M S H C
Y T O A G S H S E H R A O
E E S D I R N D I S L E I
R K S A E O I N A I O R V
A I N R C I G V F K U T N
W A I S E T S O T O O E A
A H I A O J R L S S V T O
L W A N W N W S A A E H A
E R O T I A I E D N I W W
D N T A U M H A N O D A L
```

CALIFORNIA   OHIO
DELAWARE   RHODE ISLAND
HAWAII   SOUTH DAKOTA
IDAHO   TEXAS
IOWA   UTAH
LOUISIANA   VERMONT
MINNESOTA   WASHINGTON
MISSOURI   WEST VIRGINIA
NEBRASKA   WISCONSIN
NEVADA
NEW JERSEY

SUMMER INTO WINTER

```
H C C L M T S E V R A H G G
O B L O A N S E H C P F N C
R U O O I O E S I B P I I H
S S C H Z I A E S I L P V I
E Y K C E T S R C L E O R L
C S S S M A O I A H P R A L
H Q C O A N N F R A I D C Y
E U H T Z R S N E Y C S N W
S I A K E E C O C B K N I E
T R N C V B H B R A I R K A
N R G A L I A I O L N O P T
U E E B I H N F W E G C M H
T L C U D P G C S S D A U E
S S Y A D R E T R O H S P R
```

ACORNS DROP	LEAVES FALLING
APPLE PICKING	MAIZE MAZE
BACK TO SCHOOL	PUMPKIN CARVING
BONFIRES	SCARECROWS
BUSY SQUIRRELS	SEASONS CHANGE
CHILLY WEATHER	SHORTER DAYS
CLOCKS CHANGE	
HARVEST	
HAY BALES	
HIBERNATION	
HORSE CHESTNUTS	

ALL THE ANSWERS

GET STARTED

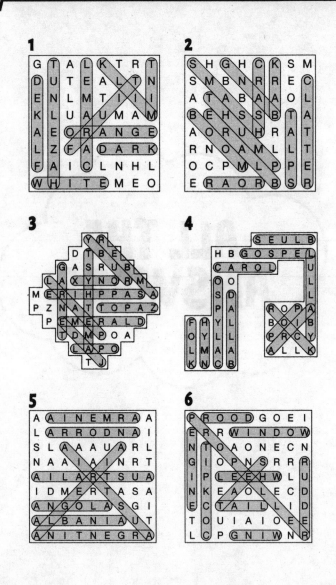

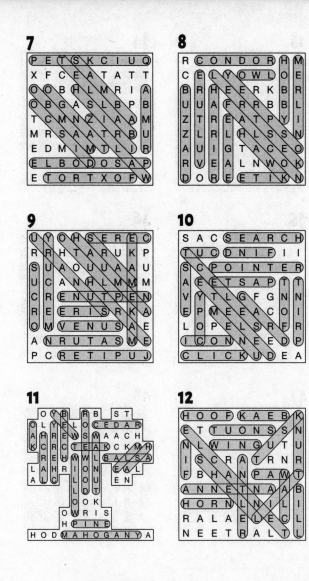

7 **8**

9 **10**

11 **12**

13

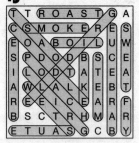

```
T T R O A S T G A
C S M O K E R E S
E O A B O I L U W
S P D O D B S C E
I L O D A T E A A
A W L A L K E B T
R E E I C E A R F
B S C T R H M A R
E T U A S G C B Y
```

14

```
I O N I O N G C I
G B O P O T I H C
A Y A M O R N S A
R E L R E R G I I
L M R M L C E D R
I A R E I H R A E
C U U A P E O R L
T P I N R U T K E
S P A R S N I P C
```

15

```
      G P I C     N
      Y O L M O   R
    R O A T E N   I D O
    L B T F U N S   O
A G L D O E I   M P B A
  U A E Y L A R N U E
  T G C B R R V   A G A
  T L G L R D Y I W   A R
  E R A L T A T O I N D A
  R A R L T A O P D O G
  W A E L N E R D O A G
  P I P E S E Y R W I
```

16

```
A L H A T E E H C
E E M E E R K A T
P O S L Z T L N L
O P C I L E A H A
L A A O O H B N K
E R M N P T E R C
T D E E X Y R O A
N E L R H H O J
A E R U T L U V T
```

17

```
N B T I B B A R T
S Y R R U F I E S
T F B E C B T R F
F F R G T U A F L
I U E G C E R E F
G L G S G R I S E
C F A N L C A S E
S E O T E K S A B
A L S E R S N U E
```

18

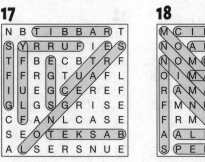

```
M C I R E M R U T
N O A K I R P A P
N O M G E M T U N
O I M A C E A L G
R A M A D L A D I
F M N U N R O M N
F R M I C N A V G
A A L L S P I C E
S P E P P E R C R
```

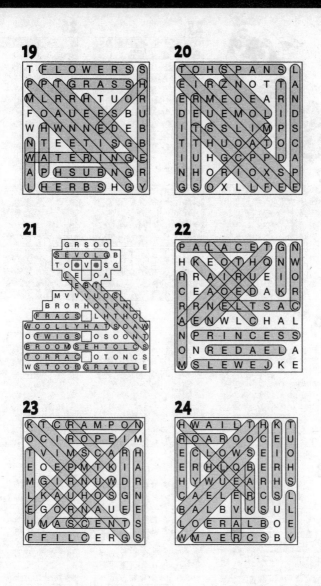

19

```
T F L O W E R S S
P P T G R A S S H
M L R R H T U O R
F O A U E E S B U
W H W N N E D E B
N T E E T I S G B
W A T E R I N G E
A P H S U B N G R
L H E R B S H G Y
```

20

```
T O H S P A N S L
E I R Z N O T T A
E R M E O E A R N
D E U E M O L I D
I T S S L I M P S
T T H U O A T O C
I U H G C P P D A
N H O R I O X S P
G S O X L L F E E
```

21

```
          G R S O O
        S E V O L G B
        T O   O   S G
        L E   O A
          E B T
      M V V V U O S
      B R O R H O T P N
    F R A C S     L H T H O
    W O O L L Y H A T S O A W
    O T W I G S O   S O O N T
    B R O O M S E H T O L C S
    T O R R A C     O T O N C S
    W S T O O B G R A V E L E
```

22

```
P A L A C E T G N
H K E O T H Q N W
H R A I R U E I O
C E A O E D A K R
R R N E L T S A C
A E N W L C H A L
N P R I N C E S S
O N R E D A E L A
M S L E W E J K E
```

23

```
K T C R A M P O N
O C I R O P E I M
T V I M S C A R H
E O E P M T K I A
M G I R N U W D R
L K A U H O S G N
E G O R N A U E E
H M A S C E N T S
F F I L C E R G S
```

24

```
H W A I L T H K T
R O A R O O C E U
E C L O W S E I O
E R H L Q B E R H
H Y W U E A R H S
C A E L E R C L L
B A L B V K S U E
L O E R A L B O Y
W M A E R C S B Y
```

25

26

27 **28** **29**

30 **31** **32**

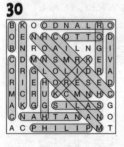

33 **34** **35**

36

```
E Y P O C O T O H P
T B T A E P E R H M
A R I O R D E O M I
C E A R I X E T A M R
I D M U C O C I A R
L R E U G S T O E O
P A C R L A N M R R
W A O T A A A A D
D P R E E K T R R R
H E T A E R C E R T
```

37

```
E N P R U A T N E C
X W E R E W O L F U
D S G O R G O N M N
I P A H O H O I I X
A O S Y G G N F I N
R C S R T I E Y I I
E Y D A R O P E A H
M C U G H I W T N P
E R I P M A V I T S
```

38

```
J E L L Y F I S H F
S D E L B B E P I S
S E R B A R C S N T
A E E I O A H H R
L W C C F I L L E R
G A K O N T X B L F
A E T G R E W U T I
E S N J H A N O T S
S E S C N L Y O H
T E L C A N R A B D
```

39

```
C E Y E S H T E E T
A A I P Y L D A E D
A R P M R U F I S H S
N I L G O Y P I P U B
I C I T U N S E N I
L L A M F A E T T I
O Y L D T I L D I I
R O C E A N W A N N
E E L R M S N S G G
A E S P C S W A J E
```

40

```
E G O S I L V E R T
C C B Y N N E P P H
Y A A E N C E I A N
C S N D O A E Y E D
N H K I N C O B W R
E Y A A E E I L O A
A O R L L P L R C
R P T D L O G S R Y
U U E E V A S A O U
C D E C I M A L B B
```

41

```
F R A H C R E A M A
E N O M A N N I C M
S N N O C A B H S U
E P R N N M R P A E
N H R M R A E N R S Y
C E U N T N M Y U E N
L I A T T A Y S G E N
T N U Y J T R R A O
A B I I R O R H R H
```

42

```
T R I H S T S G S S
R S S S A L S S G E
S S M T A A E S G S
P N W D R R G R H S
N O N I D O O T M A
S A T N M S H N S L
S U U K A S S S G G
N S S D N O U S B N
S G P B H A T I O U
S N L S G T T N T S
```

43

```
O M I N U S C U L E
M I S M A L L M Y N
I R M P E L T T I L
N M T I E T T E O I
I R M C N T T O N I
A Y I C A U I I O I
T I N N E P T T N U
U T U E M P M I E Y
R R T A E I E O V T
E C E R T T P P C E
```

44

```
A T M M A I Y D A Y
N R I D O N W D T I
M L L E E N U E S H
C U L N E C T C E I
E N E O M E A H Y K
N A N I R T M D M T
T U N I U U D T E L
U U I M O N U C C W
R E U E H I Y E A R
Y W M W H M R U L M
```

45

```
P H E U T E A P O T
T S T A C A T G C D
T I A A R O U W O N
N D L G B J S R F A
L R E P I O E E F T
T E U P C W P E S
J T D C U U K L E E
U I I A E T T L C K
I U S E D G U M U A
B B U T V A S E P C
```

46

```
H E S P R E S S O F
O O O E G G N O G L L
N T T N G R E E N T E A
I A A C A H C O M E
C B E I H C O A A
C L T T H O I E C
L A L I C C R C
U P C A A A E A C O E
P K B T E O H A L M
A E R T R H C O M A A
C E E F F O C O T N
I A H O T M I L K E
```

47

```
N N F E R N E H J S
D O L G V L G T U A
I D I A O I A O R M
N O T L R E M A M O
O T S O C C C M S N
S S O S A N U A S
S A A F T N R I M I
U M E N O O X T C T
R R E F I N O C X E
C C I S S A I R T E
```

GETTING TRICKIER

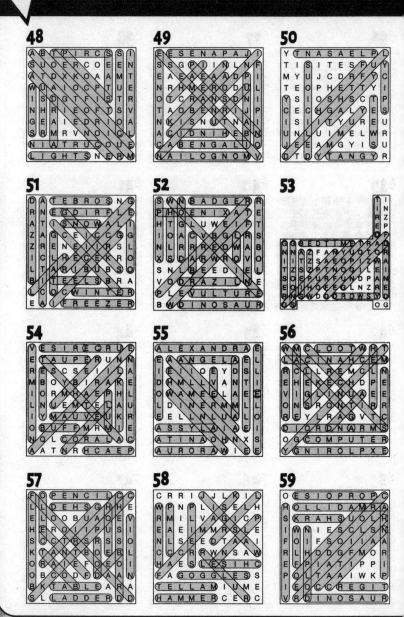

60

```
N S S G O L I V E I
R G U E D A J L R M
E G J T S G E E I N
F A A R N V M E N T
F S R B U O R E M T
O S A J L O E R O E
E R P C A L E A S J
E A S D P M V L S P
S E A P I A V D L T
T P A L E L T T O B
```

61

```
T U M O N K E Y A D
R T A L R T L N R A
E O C A O E T A R R
F R W U A O D D L P
R A R T E I R L Y S
O P E L P A I T N L
G R E S Z R H A A O
H R R I O O K A U T
O O L G N E N W R H
```

62

```
T H O T E L B E F Y
H N B A N K U C T C
O L A O C T S I A I
S O S R M Y S F M T
P O T H U R T F E Y
I H A O E A A O N H
T C D V S R T T I A
A S I E U B I S C L
L N U E M I O O E L
U O M I T U N P H R
```

63

```
E L I H W N A E M P
T V E A R L I E R O
O H E E R O F E B S
M Y E N O W V E F U
O D R N T R G I D
R A C E O U N S N
R E R U T I X E A E
O R S U R A X L L N
W L E U N T U R L
Y A D R E T S E Y Y
```

64

```
F M A N D A R I N L
G A A N V R H E I T
O P L A I C R F S O
L R L L A K E L A R
D I E E E J P A T R
F C P B A N T M S A
I O F C M A L E U C
S T K I D A I E M P
H E N I R E G N A T
T O L O G I R A M F
```

65

```
N M B T D N A A N T B
L B M A T E S W A L A
A A I B S D A O A L D
C S N L N T L W D A M
R Q I E L M N N N B I
O U T T N T N L L E N
S A E E H L L S L T
S S N N A N L S A D O
E H N N D A W I L D N
T I I N L N O S A T
S N S S N I I S S P T
```

66

```
O S B E A U T I F U L
S S U O E D I H A U E
U S U O I R U C M I S
O T B O G H A Q B A S
I Q U E E N E A I E U
R T O O O G E N T U O
E R E E E E A U I Q I
S E X I R D E R O S V
O N A G U S I U U I B
G K A E U Q S H S O O
D E C I D U O U S
```

67

```
D P S M A E R T S R C
P N G R A S S E R M
T I U G E S D G C S Y
R S C O T W N N N E G
E N B N R U O I E H R
L A I I G P L F S O
S L G S R C Y I F U O
P R E N E D R A G B
S T A T U E S B L E T
S R E G G O J S E P U
C Y C L I S T S M W O
```

68

```
L P R I S O N E R R N
I E C T S E N O H S P
O D Y N P E N O T S E
N R E O E D E A C E T
E O N N O N T O O N R
S N O T O I O I N O O
E W G O O C A P E H M
Y L E N O L L L P P B
R E E N O I P L O O
R D E N O R I A N N
Y N O T H R O N E B E
```

69

```
A M E K O A R A K R A
I A S N O B G A I S A
M O I E N R C T A M
A N B E A A K U Y T T
G O A M T S R C S E
I M S E H A Y E O U R
R I A A I O R M O M I
O K W K S M N P N A Y
T S U N A M I U A S A
N S U D O K U R S P K
K T T E M A M A D E U
```

70

```
R E A R R A N G E I A
P A O S H B U R C S D
R T I D Y S T A T E L
E P E E W S I R C L A
L P N O U R A H N U
K N I D O I U S O S N
R E H W G T A M D P D
A T S H T W R I N S E
P A T E M U U C A V R
S E R S E E Y T P M E
N N T E Z I N A G R O
```

71

```
N I L E B U N A D E K
N S A E J N O K U Y O
A I O K E O I E S A R
N I Z G E N R I S E E
N G R J N N O D I E G
N G N U G O I Z A D I
O A N O O A C H A N N
S I S I K S N S R M T
G A O G O E S G U C A
S E M A H T M I E G O
A K R O U S E H M S O
```

GETTING TRICKIER

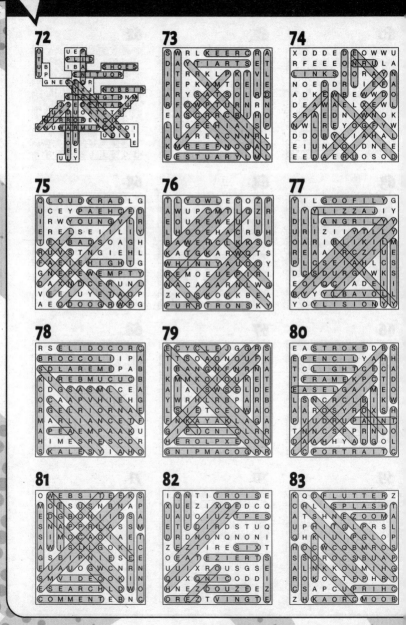

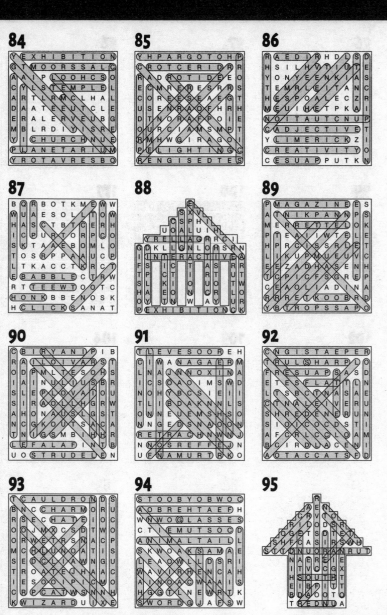

84 85 86 87 88 89 90 91 92 93 94 95

96

```
L I A N S E N O O N S
H S I F Y L L E J E Q U
O O S U P Y T A L P I I
R N H S I F E N O T S D
N E H S I F E L T T U C
E O N S M R E D I P S
T S L O W L O R I S E
C E N T I P E D E A S
E E B R E K R O W W F
E K A N S E L T T A R
```

97

```
M O T O R C Y C L E W
W O R R A B L E E H W
L T R I C Y C L E T S
A O R U E E C E H R U
W Y C A N Y L A W A I
N A V A C C T A S F C
M C L I H T G E I F A
O P N A S O O W R L A
W U I A N L C R R R S
E R E T O O C S E G E
R I A H C E C I F F O
```

98

```
N O I T A V R E S E R
R O F M R O F T A L P
O H I G H S P E E D
T O R T S K C A R T L
N S L A R L S N E K
U E T E U N O O R K C
D W C N A G I O K I
N A L N D I G T D I U
O Y A U A I S A S T O
C K S T W I F I G E R
P A S S E N G E R E D
```

99

```
P R P L A N T I N G E
N O N E G Y X O N E G
G U L R W A T E R N I
N T T L E N S T E M I L
I H S R W R N D I L
T G G E I N O O O N D
U I R N V E A L O A E
O L Y O I A N T P T E
R N A O W W E T W I S
P U H O I T O L S O L
S S E E D S H S A N N
```

100

```
S U G A R G L I D E R
P T K N I K S R D Y K
L A B A O T I R O B
A I I A N B N A O Y A
T P L T E G W K A B N
Y P N A B R O O A L K E D
U L N S U O L E O T C
S N A R U R A M U O O
A C R Q I I B U Q N O
T A B M O W Y Y R G T
```

101

```
C D I E C I S E I S C
D I E C I O C H O U A
T O T T R E S E N E T
Z T C R U N C O C Z O
O E I N Q U I N C E R
R E I C I U E S R E C
T N D H C E C O D E
A D I E C I N U E V E
C V E I N T E D O S
D I E C I S I E T E
O N C E T R T R E C E
```

102

```
I N T E R E S T I N G
S Y M P A T H E T I C
U D I G I A I N H F U
P N I N D R F T O G H
P K I D F V A D G A G N
O H U L G A T I S I N E
R I U O R E N R L O U
T U U R E N R O A U L
I V I O N F C C T L S N
E I N F
```

103

```
Y E S C I S Y H P T E
R Y X N S O I Y H L Y
O R A P I O N E E S Y
T T R S E A O C O R G
A S G O T X R T N E O
R I W O I R X V E B L
O M B E O N O M C M O
B E S N R C Y N E U O
A H I A S W A L O N Z
L C E I D O H T E M T
S L D G B I O L O G Y
```

104

```
S N O W O U T S I D E
M O T E L A H C I K S
I L F L E H S K O O B
N D I T O E B K N U B
D A E R B R E G N I G
O I C I C L E S C L V
W A R M C H A I R S M
S W O O D L A N D K W
E W A R M C O O K I E
A B O A R D G A M E M
T H G I N E I V O M T
```

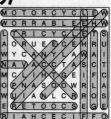
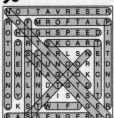

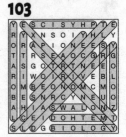

EXPERTS ONLY

105

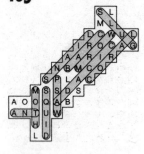

106

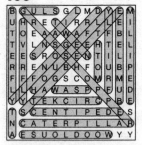

107

108

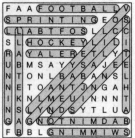

109

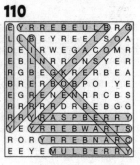

110

111

```
E G L A S S B O T T L E
E N O T R A C G G E N T
L P L A S T I C B O X N
T F O O D C A N T G O J
T X O B L A E R E C B U
O E T R E P A P S W E N
B A A E B C N C G N U K
K R A J E L K C I P S M
L N A C K N I R D S S A
I P I Z Z A B O X N I L
M U E N I Z A G A M T L
J A P A P E R P L A T E
```

112

```
C O C K A T I E L B R K
D H C O C K A T O O A R
C R U I P A B O V G I R U
A W M A R B U E N I R B
S M L B M Y O C B I R O
S P Y O G I X A A I M E
O E A N R N N N R A G A
W A P R A I G D L D K
A F B R R B K K B F U O
R O I E O I E C I B O
Y W A C A M T R E O R K
P L U M E B I R D T M D
```

113

```
E S S S S E N I L L I S
S S T T R E S P A S S
P T E R S B O T L E P S
O E N E I I C S N O A I
T E I S N B S K S S S T
L F S S O R C S S X I R C
E S E O I E V A D C S
S L E D S S U C S I D S
E M A S S E L T S E R
T E S E E A S S E L E S U
E S S L B O S S I E S T
S T E P S I S T E R U E
```

114

```
S E A C U C U M B E R T
S A H S I F N W O D C G
E S E A S L U G I S I I
A E L A R O C A U A N R
G A T P I A N N S L E E
R U R C M S L T A T O E F
A R U U A I C C E A B S
S C T E G L R U C R S T U
H S H A A G H O F T E U
U I T M B G O A S S B I
A N E M O N E I E S R
J E L L Y F I S H H D D
```

115

```
N W P N A I N O T S E H
A N E O W S P A N I S H
I U A L R T U R K I S H
R A N N I S T E K L R S U
A I N O T S H U G E I R A
G N I R H W S N G L E L F
N U W U E E U O U B R S
U I E A D S P R A E N G
H A G N I F I N N I S H
L R I I S F I C C I L E
H K A H A H S I N A D
I U N N A I T A O R C
```

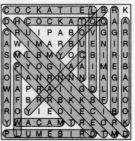

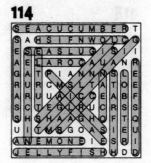

EXPERTS ONLY

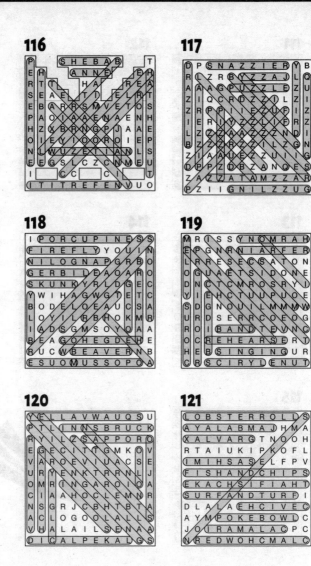

122

```
N R P U F F E R F I S H
B O E N I P U C R O P S
R A G E I S N B P H A I
O P R A L H U M R R N F
S F I B R B C T B S D D
E N E N E D M R C E I R
B N C E E D Y A U A H O
U D Y A D A W N R A C W
S Y B B H P P I R B E S
H S I F N O I P R O C S
G O H E G D E H L E H D
T E C N E F L A T E D M T
```

123

```
R E D D A L S B O C A J
Y O E N A L P R E P A P
P I C K U P S T I C K S
W S O K A D R R T K N E H
A D E R I X I U O R U
S O W L C N N A N L A L
G L E Y B T G I B O T A
J L C T H R M H Y O T H
E A B D D K Y M I R E O
P O T G N I N N I P S P
X C U P A N D B A L L E
```

124

```
A I L T I I D S A A M E
I A T I M A R I G O L D
L R N M I T L H P E M G
H T I S E L R R J A J S
A M Y L E E I A G D I V
D L O M H M S N L L I M
R I A T R M O I L R P A
V C A O I L L Y E O I E
Y E S N I I R T P Y A L
H E E A D A S P E L S A
A A L L M A Y L A I H Z
Y M G A Z M O M N E S A
```

125

```
E R O V I N M O E G A C
T S K E L E T O N V I S
E R O V I B R E H R C L
R O T A D E R P O E C I
A R E G N I W T L T D S
E T E E T H S I C P I E
H S O P T I T N R O S L
T L R S H P I E S D S A
A A E E E T Y E H I O C
E N R R X M G G E T F S
F P S E P F S C L A W S
X S F O O T P R I N T P
```

126

```
S H A E T P U R B T E G
P E I J L T N P A B C H
R A N G J E M A R S A L
B C R A H U N A E A R T
I E G E J J R A G C G W
K H E G N S U E W K A R
G R N K P T W M W R B E
C O S R M I S B P A N L
L P I H L R R R I C A A
A N R P J R C E A E E Y
T G G A N T H R E C B E
M R A W F O G U T R E E
```

127

```
T R E D W O O D T R E E
R S T R E E T L I G H T
E E E S U O H T H G I L
G A P R U E F F A R I G
T I W A E R L A D D E R
Q O L H R V E E T L T E
A S E R P C E R N Y E I
A I O U Q E S T N A I G
E G D T E N A Y N R R A
G R E I V P E O K U L C
A N G E L F A L L S O N
R E W O T L E F F I E M
```

EXPERTS ONLY

128

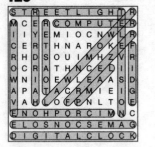

```
S T R E E T L I G H T R
M C E R C O M P U T E R
I I Y E M I O C N W L R
C E R T H N A R O K E F
R H D S O U I M H Z V R
O O R A T H N C E D I I
W N I O E W L E A A S D
A P A T A C R M I E I G
V A H L O F P N L T O E
E N O H P O R C I M N C
E L O S N O C S E M A G
D I G I T A L C L O C K
```

129

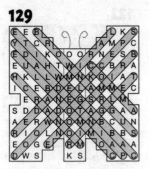

```
E E B         L K S
Y T C R     A M P C
E D I K O O O R N E S B
E U A H T W I C C B R A
H K L L W M N K O I A T
I C E B D E L A M M E C
E R A N E G S R L M
S D D A D O T A G G A A
A E R W N O M N B C U N
R I O L N O I M I B B S
E O G E   R M   O A A A
O W S     K S     C P C
```

130

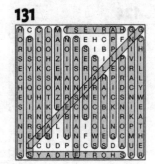

```
A A S I M S T N I L A O A
U I O O A I E N O D T E W
R W N X U B N U O N A A U
A H E I R T I N I M S H C
Y T O A G S H S E H R A O
E E X S D I R N D I S L E I
R K S A E O I N A I O R V
A T N R C I G V F K U T N
W A X I S E T S O T O D E A
H I A O J R L S X V T O
A L E W A N W N W S A A X E H A
E R O T I A I E D N I W W
D N T A U M H A N O D A L
```

131

```
H C C L M T S E V R A H G G
O B L O A N S E H C P F N C
R U S O H I O E S I B P H I
S E C K C E T S R C L E O L
E H Q U I M A O I A H P R A
C H I Z R S N E Y C S N L
T R N C V B H B R A I N R K
N U E B I A I O L N O P C M
T L C U D P G C S S D A U E
S S Y A D R E T R O H S P R
```

First published in Great Britain in 2023 by Buster Books,
an imprint of Michael O'Mara Books Limited,
9 Lion Yard, Tremadoc Road, London SW4 7NQ

W   www.mombooks.com/buster

f   Buster Books

🐦   @BusterBooks

📷   @buster_books

Puzzles and solutions © Gareth Moore 2023
Illustrations and layouts © Buster Books 2023
Images adapted from www.shutterstock.com

A CIP catalogue record for this book is available from the British Library.

ISBN: 978-1-78055-971-1

1 3 5 7 9 10 8 6 4 2

This product is made of material from well-managed, FSC®-certified
forests and other controlled sources. The manufacturing processes
conform to the environmental regulations of the country of origin.

This book was printed in July 2023 by
CPI Group (UK) Ltd, Croydon, CR0 4YY.